남궁 랑 교수 시사칼럼

망루에서
세상을 보다

망루에서
세상을 보다

초판 1쇄 발행 2022년 8월 15일

지 은 이 남궁 랑
발 행 인 권선복
편   집 권보송
디 자 인 김소영
전 자 책 서보미
마 케 팅 권보송
발 행 처 도서출판 행복에너지
출판등록 제315-2011-000035호
주   소 (157-010) 서울특별시 강서구 화곡로 232
전   화 0505-613-6133
팩   스 0303-0799-1560
홈페이지 www.happybook.or.kr
이 메 일 ksbdata@daum.net

값 20,000원

ISBN 979-11-92486-16-1(03340)

Copyright ⓒ 남궁 랑, 2022

도서출판 행복에너지는 독자 여러분의 아이디어와 원고 투고를 기다립니다. 책으로 만들기를 원하는 콘텐츠가 있으신 분은 이메일이나 홈페이지를 통해 간단한 기획서와 기획의도, 연락처 등을 보내주십시오. 행복에너지의 문은 언제나 활짝 열려 있습니다.

남궁 랑 교수 시사칼럼

망루에서
세상을 보다

남궁 랑 지음

도서
출판 행복에너지

책 머리에

요즘엔, 4차 산업혁명 시대라 그런지 세월이 너무도 잘 간다!

'세월(歲月)'의 사전적 의미는 '흘러가는 시간'이며, 흔히 유수와 같이 흘러가고 화살과 같이 빠르다고 일컫는다. 하지만 '흘러가는 세월, 화살과 같이 빠른 세월'을 눈으로 보고 손으로 느껴본 적이 있는가? 세월이란 흘러가는 것이 아닌, 해와 달이 태양계에서 일 년에 한 번 공전하고 하루에 한 번 자전하는 데 걸리는 시간의 지나감(?)으로 대자연의 섭리이다. 시간이 지나가면(보이지도 않고 느껴지지도 않지만) 꽃이 펴서 지고, 사람도 태어나 자라서 흙으로 돌아간다. '발전', '향상'이라는 단어도, '1년', '하루'라는 기간도 결국은 세월(시간)이라는 단어를 전제로 생긴 말이다.

넷플릭스 증후군(Netflix Syndrome), 빈곤의 덫(Poverty Trap), 뷰니멀(Viewnimal)족, 덤벨 경제(Dumbbell Economy), 코로나블루 (Corona Blue)…!

이 용어들이 도대체 무슨 뜻인지 모르지만 이렇게 빨리 지나가는 시간 속 요즘 인터넷에 회자되고 있는 시사용어들이다. 세

월이 지나가면서 그 시대에 부응하기 위한 새로운 용어들과 지식들이 자꾸만 만들어지곤 한다. 더욱이, 이와 같은 새로운 용어들과 지식들은 최근의 4차 산업혁명 시대에 편승하여 더욱 빨라지고 양산되는 형국이다.

일부 학자들 사이에서는 과거 산업혁명 시대마다 기계화(1차), 산업화(2차), 디지털(3차)이라는 키워드가 있었으나 지금의 4차에는 뚜렷한 키워드가 없다면서 4차 산업혁명을 인정하지 않는 이들도 있다고 한다. 하지만 2차 산업혁명 시대인 200여 년 전에 만들어졌던 벌통이 꿀벌의 독특한 생태특성으로 인하여 지금까지 진화를 거부하여 오다가 최근 들어 IoT와 ICT 등을 접목하여 이전과는 현저히 다른 스마트한 벌통이 만들어진다 하니 한마디의 키워드는 없어도 과거에 비해 획기적인 혁명임을 부인할 수는 없을 것 같다.

또한, 지식에도 시간적 수명이라는 것이 있어서 요즘과 같이 빨리 변화하는 시대에 과거 지식은 하루아침에 색이 바래는 것도 많다. 물론, 유대인들의 철학과 지혜를 담은 『탈무드』는

1500여 년이 지난 지금도 명서로서 충분한 지식능력이 유효하지만 도서관에 진열되어 있는 많은 오래된 지식 중 일부는 요즘의 현실과 괴리되어 그 지식능력을 인정받지 못하는 내용도 적지 않다. 즉, 현실과 유리된 과거 경험이나 지식으로 현재를 논하는 것은 시대에 뒤떨어지며 인터넷뱅킹에도 어려움을 겪는 외계인 취급을 받을 수 있는 것이다.

경험과 지식은 우리가 살아감에 있어 소중한 자산이다. 과거 지식도 중요하지만 모든 지식이 영원하지는 않으며 그때그때의 최신 시사지식으로 보완하는 것 역시 그 시대를 살아가면서 그 시대를 논하는 자료창고가 될 수도 있다고 본다.

본 칼럼집은 필자가 근 10여 년간 지역신문에 기고했던 내용들을 한데 모아 엮은 것이다. 워낙 글재주가 부족하다 보니 칼럼 하나 작성하는 데 꽤 오랜 시간을 소비했던 것으로 기억한다. 글을 쓸 때마다 그 당시 이슈가 되는 칼럼 주제를 정하는 것에서부터 관련자료를 수집하고 기고문으로 완성하는 데까지 최소 하루·이틀, 경우에 따라서는 그 이상이 소요되는 경우도 꽤 있었

던 것 같다. 그 당시, 기고글을 작성할 때 본 칼럼집 출간을 염두에 두었더라면 본 칼럼 내용이 지금보다 어색하지 않도록 충분한 양으로 작성한 후에 정해진 분량에 맞게 요약하여 기고하고 원문을 본 칼럼집에 실었더라면 다소 어색한 내용을 불식시킬 수도 있지 않았을까 하는 아쉬움도 남는다.

　아주 오래전, 학위논문을 마치면서 작-지-만 소중한 또 하나의 열매이자 씨앗을 품속에 드리우게 된다고 적었었는데, 본 칼럼집이 아주 작은 열매일 수는 있겠으나 또 하나의 씨앗이 될 수 있을런지는 본인도 모를 일이다. 아무튼, 본 칼럼집이 탄생할 수 있도록 기회를 만들어 주시고 출간을 허락해주신 한북신문사 김기만 대표이사님과 임직원님들 그리고 한참 무더위 속에서도 최선을 다해 좋은 칼럼집을 위해 함께 노력해 주신 행복에너지 출판사 권선복 대표이사님과 편집진 여러분들께도 진심으로 감사를 드린다.

2022. 7. 31

저자 **남궁 랑**

# 축사

존경하는 남궁랑 교수님의 시사칼럼집 출간을 진심으로 축하
드립니다. 들판의 곡식들이 알차게 영글 수 있도록 온종일 햇볕
을 비춰주고 있지만 그래도 여느 해보다 무더운 여름날씨입니
다. 그렇지만 이제 중복을 지나 입추를 코앞에 두고 있으니 이내
결실의 계절, 가을이 올 것입니다.

한북신문(주)은 1989년 9월 25일 창간하여 34년째 결간 없이
발행하여 현재 938호를 발행했습니다. 경기도 북부지역의 의정
부시, 고양시, 양주시, 포천시, 동두천시, 연천군, 가평군 등 7
개 시·군의 정론지(正論紙)로 시민들의 대변지 역할을 담당해 오
고 있습니다. 특히, 정직한 언론·발전적 대안·공익적 사명 등을
사시(社是)로 내걸고, '공익을 위한 시민의 신문'으로서 국민의 알
권리와 공익에 일조하기 위하여 할 말은 하고 쓸 것은 쓰는 언론
의 사명에 전 임직원들이 최선을 다하고 있습니다.

본 칼럼집의 저자이기도 한 남궁랑 교수님은 본 신문사의 논
설위원으로서 신문사의 사시(社是)에 부응하여 10여 년간 정론직

필에 기여하여 왔으며, 보다 알찬 시론을 위해 부단히 노력해 오신 걸로 알고 있습니다. 세상에 노력 없이 이루어지는 것은 아무 것도 없습니다. 누군가의 희생이 필요하고 누군가의 노력이 있어야 하며, 우리 모두의 노력과 사랑이 합해져야만 우리 사회는 앞을 향해 달려갈 수 있을 것입니다. 우리 사회가 경제성장과 더불어 물질적 풍요와 세속적인 의미의 번영은 이룩했지만, 영혼과 정신적 삶은 그다지 만족할 만한 수준은 아닌 것 같습니다. 이러할 때, 이 시대를 살아가는 우리 모두에게 우리가 당면한 시사문제를 한번쯤 음미해보는 것은 나름대로 큰 의미가 있다고 생각됩니다.

10여 년간 쉬지 않고 꾸준히 본지에 시사칼럼을 기고해 오신 남궁랑 교수님의 흔들림 없는 인생여정을 축하드리며 본 시사칼럼집 발간에 힘찬 박수를 보냅니다.

2022. 7. 31

한북신문사 대표이사 발행인 **김기만**

CONTENTS

[2부] 망루에 올라서

[1부]

세상을
보다

산은 산이요,
물은 물이로다

백 년 만의 춘설 뒤에 발바닥이 간지럽다. 땅 밑에서 피어오르는 새 생명들의 꿈틀거림 때문이다. 봄은 어디서부터 오는 것일까? 동지 지나 입춘 무렵이면 해가 노루꼬리만큼 길어진다고 하신 옛 어른들 말씀대로 낮의 길이도 한 뼘쯤은 늘어난 것 같다. 대자연의 위대한 섭리가 또 한 번 확인되는 순간이다.

옛날, 우리 선조들은 땅에 씨앗을 심을 때 모두 세 알을 심었다고 한다. 한 알은 새가, 또 한 알은 벌레가 그리고 나머지 한 알은 사람이 먹는다고 생각한 까닭이다. 하늘에 사는 생명과 땅 위에 사는 생명, 땅속에 사는 생명이 두루 함께 먹고 함께 사는 대자연과의 '공생'하는 삶인 것이다. 씨앗을 두고 농부와 하늘, 땅의 뭇 생명들은 그렇게 둥근 원을 그리며 순환한다. 대자연의 섭리인 것이다. 대자연의 섭리라는 것은 큰 틀에서의 조화를 의미한다. 조화가 깨지면 모든 게 깨진다. 인간관계에서도, 환경에서도, 건강에서조차도…. 그런데 농산물은 물론이고 명태나 꽁치처럼 낯익은 생선들마저 이제는 모두 외국 국적의 이름표를 달고 누워 있다. 맛도 맛이지만 제 땅과 바다에서 나는 걸 놔두고 기후도 풍토도 다른 곳의 먹거리를 먹는다는 것이 우선 자연스럽지 못하다. 아토피성 피부병이니 알레르기니 하는 주변의 흔한 병들도 따지고 보면 결국 자연스럽지 못한 식습관이나 생활환경에서 기인하리라.

요즘, 우리나라뿐만 아니라 유럽의 30~40대 전문직 사이에서 그린(green)이니 유기농(organic)이니 하면서 흙과 여유를 찾는 다운시프트(downshift)족이 급증하는 추세라고 한다. 한 푼이라도 더 벌기 위해, 남보다 조금이라도 더 성취하기 위해 악착같이 매달리는 것이 아니라 거꾸로 소박함과 느림을 택하여 삶의 속도를 늦추고 대신 자기만족을 찾는다는 하나의 트렌드인 것이다. 그렇다면, 그러한 삶은 항상 진정으로 행복해지는가? 마음이 불행하면 몸 또한 결코 행복할 수 없다. 내면의 소리를 멀리한 채 겉모습 가꾸기에 열중한다 해서 진정으로 아름다워질 수는 없다. 진정한 아름다움과 행복은 내면과 외형이 조화로운 지점에서 생성되는 것이기 때문이다. 꼭 유기농 식품을 먹고, 천연화장품을 고집하고, 휴식을 위해 많은 돈을 들이는 것이 웰빙은 아닌 것이다. 웰빙이란 자연과 닮은 삶을 실천하며 몸과 마음을 함께 챙기는 소박한 생활방식인 것이다.

좀 더 욕심을 부려 지혜까지 끌어들여 보자. 바르샤바 시민들의 지혜를 높이 평가하는 일화가 하나 있다. 어느 사람이 2인승 차를 몰고 가는 길에 차에 태워달라고 애걸하는 세 사람을 만난다면 누구를 태워야 하나? 한 사람은 진료하러 가는 의사, 또 한 사람은 죽어가는 환자, 그리고 마지막 사람은 아리따운 여성이라고 한다. 이 경우, (멋을 추구하는) 프라하 사람들은 아름다운 여성을 차에 태우고, 베를린 사람은 의사를 태운단다. 그러나 바르샤바 시민이라면 의사에게 자동차 열쇠를 주고 환자를 옆 좌석에 태워 보낸 뒤 자기는 남아서 아리따운 여성과 데이트를 한다는 것이다. 이와 같은 혜안으로 대자연을 경외하고 삶의 내면과 외형을 조화시킬 수 있을 때 우리는 자연 사람이 되어 대자연의 품 안에서 영생할 수 있으리라.

세상의 온갖 욕심, 화내는 마음, 집착하는 마음들! 그냥 하나 사람이면 생기지 않을 수도 있을 것이나 인생세간에서의 발현은 오히려 그게 자연스러우며 인간세상을 발전시키는 원동력일지도 모른다. 인생세간에서 이런 마음들이 발현하지 않는다면 '열정' '발전' '4차 산업혁명' 등등의 단어들도 태어나지 않았을 것이니…! 그러나 이런 마음들이 지나친다면 세상이 균형을 잃게 되고 과도한 경쟁사회를 유발하며 궁극적으로 인간의 삶이 핍박해질지도 모를 일이다. 가끔은 '산은 산이요, 물은 물'이라는, 있는 그대로를 볼 수 있는 관념! 봄에는 꽃이 피고 겨울에는 눈이 내리며, 나는 나이고 내가 할 일과 하지 말아야 할 일, 눈앞에 보고 듣는 삼라만상의 모든 것들이 각자 제자리에서 제 역할을 한다면 이게 바로 대자연의 섭리에 따르는 것이며, 아담과 이브가 무화과나무 열매를 따 먹기 이전의 인간 모습이 아닐까?

올해에도 철원의 한적하고도 평화로운 들녘에서 가족들과 함께 냉이를 캐며 막걸리 한 잔을 마실 수 있을런지?

위기 속 K,
그래도 나아간다

1601년에 사상 최초로 유행성 인플루엔자가 명명된 이후, 제
1차 세계대전이 한참이던 1918년에 발생한 스페인독감은 인도
에서만 1250만 명의 목숨을 빼앗아갔고 한국에서도 14만 명이
사망하는 등 전 세계적으로 4천여만 명의 사상자를 냈다고 한
다. 돌고 도는 게 역사인지 약 100년 후인 2019년 12월 중국 우
한에서 발생한 코로나19는 2년 넘게 이어지는 팬데믹 상황 속
에서 러시아-우크라이나 전쟁을 만나 세계경제를 송두리째 흔
들며 스페인독감을 재연시키는 모습이다. 2021년 1월에 전 세
계 확진자가 1억 명을 돌파한 이래 올해 2월 8일에는 4억 명을
돌파했다고 하며, 한국의 경우에도 금년 3월 22일에 전체인구
의 약 20%인 1천만 명의 확진자가 발생했다고 한다.

아이러니컬한 것은, 이번에도 인도에 가장 큰 타격을 입혔는
지 지난해 2분기 인도의 실업률은 전 분기에 비해 3.3%가 증가

된 12.6%로 급등했으며 실업자가 무려 5300만 명에 달했다고 한다. 엔데믹 분위기에 맞춰 그간의 막대한 경제적 피해를 만회하기 위해 다각도로 대책을 준비하다가 러시아-우크라이나 전쟁으로 또다시 강펀치를 맞아 소비자 물가가 6%를 상회하는 등 2,3중고를 겪고 있다는 것이다. 신흥국인 남아공의 경우에도 실업률이 지난해 7월 34.4%로 뛰었고, 기반경제가 어려운 스리랑카의 경우에는 관광산업이 코로나19에 의해 심각한 타격을 받으면서 외화부족으로 외채상환이 어려워지자 국제통화기금(IMF)에 구제금융을 신청할 정도로 경제가 어려워져 종이와 잉크가 없어 학기말시험마저도 연기되는 상황이라고 한다. 가장 강력한 국가이며 백신수급이 상대적으로 원활했던 미국마저도 코로나19로 인한 사망자 수가 무려 1백만 명을 넘긴 상황이며, 일본의 경우에도 하계 올림픽경기를 1년 연기까지 하며 배수의 진을 쳤지만 '잃어버린 20년'이 아니라 '잃어버린 30년'으로 연장될지 모르는 불안감에 휩싸여 있다고 한다.

이처럼, 전 세계적 경제상황은 코로나19에 의한 경제적 타격에 러시아-우크라이나 전쟁으로 인한 석유수급 불안과 원자재 및 곡물 유통의 혼란으로 인한 물가상승이 겹쳐 하루에 1.9달러(약 2,420원) 이하로 의식주를 해결해야 하는 '절대빈곤' 인구가 20여 년 전 숫자보다 처음으로 증가추세를 보여 2020년에 7억 1천만 명이나 되었다고 한다.

불행 중 다행으로, 한국은 미국, 캐나다, 영국, 이탈리아 등 주요선진국들의 소비자물가상승률이 임금상승률을 초과하고 있음에 비해 그렇지 않으며, 국가별 GDP 순위는 1조 8천 67억 달러로 전 세계 10위를 기록하고 있다. 그러나 치명적인 약점은 상대적으로 양호했던 재정건정성이 주요 선진국과는 달리 코로나19를 맞아 급속도로 악화되어 가계와 기업을 포함한 국가 전체의 빚이 무려 6736조에 이르며, 국민 1인당 국가채무액도 1869만 원에 이르는 등 GDP 대비 국가부채 비율이 51%를 넘기고 있는 상황이다. 특히, 취약계층이면서 3곳 이상의 금융기관에 채무를 가지고 있는 다중채무자는 전체 대출자의 6.0%에 이르며, 채무를 지고 있는 자영업가구 중 필수 지출액과 대출원리금 상환액을 합한 금액보다 소득이 적은 '적자가구'는 전체 자영업 가구 수의 16.7%인 78만 가구, 금액으로는 177조 원에 이르고 있는 상황이다.

더욱 가슴 아픈 것은 이 많은 빚을 우리의 후손들이 갚아야 한다는 것이다. 앞으로는 빚을 질 일이 없으면 좋겠지만 부존자원이 절대적으로 부족하고 인구마져 노령화 내지 감소추세에 있는 상황이라 이 많은 부채를 후손들에게 전가하는 것은 아닌지 심히 우려하지 않을 수가 없는 것이다.

한국경제연구원의 분석에 따르면, 최근 5년간의 속도로 국가채무가 증가하면 올해 태어난 신생아가 고등학교를 졸업할 때는

1인당 1억 5백만 원의 빚을 지게 만들어 손주들의 몫을 끌어다가 현세대가 나눠 갖는 이른바 '손주약탈'을 하고 있는 건 아닌지 걱정되는 것이다. 그나마 이 손주들이 많이 태어나 국기를 튼튼히 해주면 좋겠지만 합계출산율이 전년도에 0.81까지 기록하는 등 인구 유지를 위한 2.1명의 반도 안 되는 위험천만한 상황을 맞고 있는 것이다. 그 결과, 현재 전체 초등학생 수 266만 명이 지금 태어나는 신생아가 입학하는 2029년에는 37% 감소하여 169만 명으로 급감하게 되는데, 이는 학령인구수나 경제활동인구수 걱정을 넘어 국가안위까지 걱정해야 하는 상황이 올 수밖에 없는 것이다.

2022년 5월, 새롭고 힘차게 출범한 차기 정부 앞에 우리가 풀어야 할 난제는 공정과 상식이 통하는 사회구축 외에도 코로나19 종식이나 사회양극화 해소 등 너무나 많다. 내적으로는 국민통합을 이뤄내야 하고, 외적으로는 팬데믹 및 우크라 전쟁 등에 따른 물가불안, 자국 이기주의 경제정책 등 걸림돌이 너무나도 많다. 이미, 대통력직인수위에서 수행할 과제를 꼼꼼하게 설계하여 실행을 준비하고 있지만 이제는 부자 몇 명의 주머니를 털어 다수에게 나눠주는 2% 털기나 다수에게 한 푼씩 긁어모아 표로 연결될 소수에게 몰빵하는 깃털빼기 등의 포퓰리즘이 공정과 상식에 의해 불식되어야 한다. 이제는 추경에 추경을 더하고 후손들의 부담을 가중시키는 국가 빚을 늘리기보다는 한정된 자원에 의한 꼼꼼한 살림살이가 필요하며 인구유지 조건인 합계출산율 2.1에 한참 못 미치는 0.81의 의미를 더욱 깊게 되새겨 보아야 할 것이다.

해방 직후, '뭉치면 살고 흩어지면 죽는다'라는 말이 팬데믹의 시국에서는 '흩어지면 살고 뭉치면 죽는다'로 바뀔 수도 있는 것처럼 사람 사는 세상에 영원한 정답은 없다. 그동안 당연한 것으로 간주됐던 것도 이제는 그렇지 않을 수 있음을 수긍할 수 있어야 한다. Korea! 그저, 타고르가 1929년에 예찬했던 '동방의 등불'이 더욱 환하게 밝혀지기를 바랄 뿐이다.

우크라이나 전쟁,
승자는 있을까?[1]

1991년 1월 중순 달도 뜨지 않은 한밤중에 사우디아라비아의 미 공군기지에서 발진한 폭격기들이 4시간 동안 무려 1만 8000톤의 폭탄과 미사일로 바그다드의 밤하늘을 수놓았었다. 그로부터 30여 년 후인 지난달 말 미국의 바이든 대통령이 수차례 예언한 대로 러시아가 우크라이나를 침공하였다. 전쟁(戰爭)이란 싸우고 다툼을 말하는데 왜 전쟁을 해야 할까?

원래 두 나라의 뿌리는 9세기경 동슬라브 민족에 의해 세워진 키예프공국이라고 한다. 현재 우크라이나의 수도 이름이 키예프인 것도 그렇고 옛 소련의 걸출했던 수장 중 흐루쇼프와 브

---

1. 우크라이나는 오래전부터 동서 간 갈등이 심했던바, 동쪽은 친러파가, 서쪽은 친유럽파가 득세를 하고 있던 중 2013년 경제위기를 맞아 친러파였던 대통령이 탄핵되는 과정에서 우크라이나 내 크림자치공화국이 러시아의 지원을 받아 크림공화국으로 독립을 선포함. 이로 인해, 최근까지 동부에는 양파 간 내전이 계속되는 상황에서 러시아의 친러파 지원(동부 쪽)이 계속되자 이를 두려워하는 친유럽파가 나토(NATO)에 가입하려는 제스처를 보이고 러시아가 이를 막고자 이 전쟁이 시작됨.

레즈네프가 우크라이나 출신인 것만 봐도 그렇다. 형과 동생 격이긴 하지만 이 형제국 사이에서 전쟁 발발의 원초적 원인은 천연가스관 때문인 것으로 보도되고 있다. 옛 소련시절 우크라이나 평야지대를 관통하여 설치된 가스관에 대하여 우크라이나의 통과료 인상 등으로 관리에 어려움을 느낀 러시아가 독일과 협의하여 우크라이나를 통과하지 않는 새로운 루트 2개를 설치 중인 것 때문이다. 몇 해 전 크림반도를 러시아에게 내준 우크라이나로서는 러시아의 침공에 대비하여 나토가입을 추진하지 않을 수 없는 상황이지만, 러시아 측으로서는 옛 소련권 30개 국가들이 이미 나토에 가입되어버린 마당에 코앞의 우크라마저 나토에 가입된다면 러시아의 생존권마저 걱정해야 하는 처지에 빠질 수 있게 되는 것이다.

이번 우크라 전쟁은 힘이 뒷받침되지 않은 평화의 허구성과 국제사회에 대한 동맹의 중요성 그리고 정보기술을 기반으로 하는 전자전에 대한 중요성을 일깨워주고 있다.

우리는 부존자원이 절대적으로 부족하고 관할영토가 작은 편이다. 따라서 경제영토라도 유기적으로 크게 넓혀서 자원부족 문제를 보완하고 유사시 희토류 문제 등과 같은 긴급사태가 재발하지 않도록 사전에 충분히 대비할 필요가 있을 뿐 아니라 급속한 노령사회 진입에 따른 국력증강활동 및 인구 축소에 대한 대비책도 시급하다고 본다.

그리고 지금은 초지능 정보기술시대이다. 조금 의외이긴 하지만 이번 우크라 전쟁에 실질적인 전자적 전쟁은 그리 많지 않은 것으로 보인다. 물론 일본이나 미국 등 선진국처럼 전사로봇이나 전투드론 등을 만들 만큼 정보기술 활용이 크지 않고 그 필요성을 느끼지 못했기 때문이기도 하겠지만 이 전쟁을 계기로 바로 다음 전자전쟁에 대한 관심이 커져 향후에는 실제로 로봇전사가 총을 쏘는 상황이 전개될 수 있을 것이다. 다행히도 우리는 상대적으로 정보기술 선진국에 속하므로 관련 기술개발에 진력할 필요가 있을 것이다.

"대통령으로서 나에겐 죽음을 두려워할 권리가 없다"고 말한 우크라이나 대통령이 한국을 언급하면서 "발전할 수 있고, 강하고 자유로운 나라가 될 수 있음을 보여준 우크라이나의 좋은 본보기"라는 찬사에 '자주국방능력도 되는 나라'라는 말이 추가되길 기대한다.

'다윗과 골리앗'의 싸움에 비교됐던 우크라이나 사태가 열흘 넘게 이어지면서 최근 대만의 소셜미디어 등에 "오늘의 우크라이나는 내일의 대만이다"라는 말이 확산되고 있다 한다. 이 전쟁의 결과가 어떻게 정리될지 모르지만 이런 우려를 불식시키고 또한 전쟁은 당사국 모두는 물론 전 세계 인류에 재앙을 줄 뿐이라는 교훈을 남겨주었으면 한다.

경기북도論

　며칠 전, 민선 8기 경기도지사가 취임하면서 본격적인 업무에 돌입했다. 그리고 신임 도지사가 지난달 하순 경기도청 북부청사에서 열린 경기북부특별자치도 설치를 위한 정책토론회에 참석하여 선거 공약이기도 했던 경기북도 설치에 대해 강한 의지를 피력한 것으로 안다. 경기북도 설치에 대한 논의는 오래전부터 줄기차게 제기되어 왔으나 이유야 어찌 되었든 공염불이었고, 어쩌면 지금이 가장 호기일 수도 있다는 생각이 든다.

　1990년대 정주영, 김대중 후보의 경기북도 설치에 대한 대선 공약을 시작으로, 2014년 제6회 지방선거에서 이슈가 되었고, 2016년 4월 20대 국회의원 선거에서 민주당 경기도당이 이를 공약으로 내걸고 60석 중 40석을 획득했지만 결실을 맺지는 못했다. 2017년 5월 김성원 의원 등이 경기북도 설치 등에 관한 법률안을 발의해서, 9월에 국회 안전행정위원회에 '경기북도의 설치 등에 관한 법률안'이 상정되면서 국회에서 처음으로 경기북도 신설을 위한 법안을 처음으로 심사하기 시작했지만 그다음 해 1월에 보류되었다. 이후, 2018년에 문희상 국회의장 등이 평화통일특별도라는 법안으로 발의했고, 2020년 6월에 김민철 의원 등이 분도에 대한 법안을 발의하였으며 국회 공청회가 개최되었지만 이제는 이전과는 달리 처음으로 현직 도지사가 경기북도 설치를 강하게 추진할 의지를 내보였다는 점에서 결실을 맺을 가능성이 매우 큰 것으로 보여진다.

그렇다면, 30여 년 전부터 추진되던 사안이 지금까지 결실을 맺지 못한 이유는 무엇일까? 그 타당성이나 효율성 등에 긍정보다는 부정이 많은 것인가? 여러 가지 이유가 있겠지만, 경기북부에 대한 과소평가와 회피 그리고 위정자들의 정치논리에 다소간 영향을 받은 것이 아닌가 싶다. 역대 대통령들은 재임기간 동안 하루도 편한 날이 없이 바쁘게 지내다가 임기를 마치는 날 과거를 되돌아보곤 출발했던 그 자리에서 제자리걸음하고 있는 자신을 발견한다고 한다. 급하고 중차대한 일은 최우선이나 급하진 않다고 여겨지는 중차대한 일을 뒤로 미뤄왔기 때문이다.

경기북도 설치의 문제는 매우 엄중한 사안으로 지금까지 밟아온 길과 앞으로 걸어갈 길을 함께 보아야 한다. '어떻게 할 것인가'의 방법론보다 '왜 해야 하는가'에 비중을 두어야 한다. 즉, 던져진 문제를 해결하는 솔루션보다 숨겨진 문제가 무엇인지 그 당위성을 찾아내는 것이 중요하다고 본다. 하기야, '어떻게'는 이미 수차례 논의과정에서 그 큰 그림은 그려져 있는 것 같다. 경기북부 8개시 3군에 4,300㎢, 인구 353만 정도로…. 당위성과 관련하여, 크게 두 가지 측면에서만 살펴보고자 한다.

하나는 지리적 단절성과 지역적 특수성이다. 서울을 중심으로 확연히 구분되어 있어서 경기북부에서 도청이 있는 수원까지의 거리는 다른 지자체인 서울시청보다도 2배나 떨어져 있다. 이런 이유 등으로 이미 도청사, 경찰청사, 교육청사, 병무청사, 소방재난본부, 검찰청, 법원 등이 경기북부의 도정 역할을 하고 있어서 굳이 수원으로 갈 이유가 없게 되니 업무단절이 명확하여 북부 도민들의 마음속에는 이미 경기북도 도정이 진행 중인지도 모른다.

더구나 일제시기인 1920년대에 조선 8도 중 황해도와 강원도 다음으로 적었던 경기도 인구가 6.25전쟁 이후 수도권 집중화부터 시작하여 2000년대 들어 신도시가 대거 들어서면서 가파르게 상승하여 지금은 경기도가 우리나라 전체 인구의 25%를 넘는 과포화 상태(1350만 명)이다. 이를 분리하여 경기북도를 설치한다 해도 경기남도 1000만, 서울 900만, 그리고 경기북도 350만으로 전체 광역지자체 중 경기남도가 1위이고, 경기북도가 3위에 해당되는 인구분포이다. 또한, 길게 뻗은 휴전선과 맞닿은 군사시설 보호구역, 상수원 보호구역, 자연 보전권역 등의 지역적 특수성 때문에 일부 재산권이 제약을 받거나 소위 개발이 어려워 수십 년간 낙후지역으로 남으면서 장점은 누리지 못하는 반면 제약만 잔뜩 쌓인 불공정 지역이 되어 버린 것이다. 공정과 상식을 기치로 내건 이 시대에는 이제 불공정을 공정으로 바꿔야 하고, 동시에 성장 잠재력이 큰 이 지역의 관련 여건 및 특수성을 반영하여 미래 발전전략을 수립 추진함으로써 1인당 국민소득(GNI) 4만 달러 시대를 열어야 한다. 주요 선진국들은 3만 달러에서 4만 달러까지 평균 6년이 걸렸다. 우리가 3만 달러를 돌파한 건 5년 전이니 얼마 안 남았다. 17년째 돌파를 못 하고 있는 이탈리아의 전철을 밟지는 않아야 한다.

동시에 지역 내 총생산(GRDP) 지수의 개선도 반드시 필요하다. 현재, 경기북부 GRDP는 52조 원 정도로 면적은 경기도 전체의 42% 정도 되나 GRDP는 18%에 불과하다. 따라서, 특별법 등에 의해 잠재적 자원들을 최대한 활용하여 이를 끌어올리면 그동안의 경기북도 신설에 부정적 요인이었던 경제적 자립도 자연스럽게 해결할 수 있을 것이다.

또 하나는 앞도 보아야 한다는 점이다. 남북통일의 시기를 예측할 수는 없지만 이제는 통일 이후를 준비해도 될 시기이다. 통일이 된다면 서울역에서 평택까지의 거리인 개성 일대까지도 경기북도에 관련될 수 있을 것이다. 문 전 대통령은 대북관련 회담과 관련하여, '남북이 함께 살든 따로 살든 서로 간섭하지 않고,

함께 번영'해야 한다고 했다. 평화를 위해서는 굳이 통일을 추구하지 않는 발언이다. 독일의 경우 빌리 브란트의 1민족 2국가 체제를 승인하는 동방정책(통일포기 정책)에 힘입어 오히려 통일이 성취되었다는 역설적 과거를 음미해 봄직도 하다. 2018년 기준으로 남북의 경제력 차이는 48배나 되며, 4차 산업혁명이 성숙되면서 관련 과학기술적 차이도 비례하여 해가 갈수록 그 격차는 더욱 확대될 수밖에 없을 것인데, 그 시기는 생각보다 훨씬 빠를 수도 있을 것이다.

무엇보다도 과거와는 달리 신임 도지사가 경기북도 설치에 대해 그 당위성을 인식하여 강한 의지를 보이고 있고, 또한 과거에 경기북도를 공약으로 내걸고 선거에 나섰던 김진표 의원이 후반기 국회의장에 선출된 점은 명칭이야 어떻든 경기북도 설치에 날개를 달아준 것이 아닌가 한다.

수축사회

작년 11월, 일본 나라현 공립대학에서 '수축하는 일본의 모습 (撤退學)'에 대한 심포지엄이 조금은 기피하는 분위기에서 개최된 바 있다고 한다. 그리고 얼마전 한국사회갈등해소센터가 발표한 '2018 한국인의 공공갈등 의식조사'에서 응답자의 90%는 우리 사회의 집단 간 갈등이 심각한 것으로 답했다고 한다. '갈등'이라는 것은 인간사회 도처에 대소 상존하는 것으로 민주화 투쟁을 이끌어 내기도 한 반면 지금은 이념, 빈부, 세대 등에서 내홍을 겪고 있기도 하지만 이와 같은 상황은 머지 않은 미래에 쓰나미처럼 우리 사회에 덮쳐올지도 모를 일이다. 왜냐하면, 우리 사회가 지금까지의 팽창하는 사회에서 수축하는 사회로 전환될 수 있기 때문이다.

수축사회! 어떤 모습일까? 긍정적이기보다는 부정적으로 생각되고 조금은 섬뜩하게 들릴 수도 있다. 어째서 수축사회인가?

지금까지 세계경제는 14세기 르네상스 이후 600여 년간 대체로 성장하고 팽창하여 인류가 먹을 파이를 계속 키워왔지만 2008년 금융위기를 시발점으로 2010년대부터는 저출산으로 인한 인구감소, 인구고령화에 따른 경제활동능력 축소, 환경오염 및 생태계 교란으로 인한 막대한 추가부담 발생 그리고 AI 등 4차산업혁명에 따른 정체성 혼란 등으로 인해 조만간 세계가 본격적인 수축 국면에 접어들면서 파이는 이제 더 이상 커지지 않을 가능성이 거의 확실해 보인다는 것이다.

우리나라의 경우도 마찬가지여서 1970년까지만 해도 합계출산율이 4.71명에 달해 '둘만 낳아 잘 기르자'는 산아제한정책을 펼칠 정도였으나 2019년에 5,165만 명을 정점으로 최근에는 합계출산율이 0.84명으로 감소추세에 있다. 고령화 비율 또한 2065년에는 46%에 달해 OECD국가들 중 일본을 넘어 최고를 기록할 것으로 예측되고 있다. 일본의 경우, 2004년을 정점으로 감소하기 시작하여 현재 1억2천6백만 명 인구가 2100년에는 최저 3770만 명으로까지 추계하고 있으며, 중국의 경우도 2027년 최고치에 도달한 이후 연간 5백만 명씩 감소를 예측하고 있는 상황이다. 또한, 과거의 과학기술은 우리 인류를 점진적으로 편리하고 행복하도록 기여해왔지만 최근의 4차산업혁명 기술은 너무나도 급속하고 획기적으로 우리 곁에 다가와서 정신적 혼란과 함께 부의 양극화를 초래하는 동시에 기계가 일자리를 빼앗아 가고 있는 상황이다.

또한, 한반도 면적의 7배로 추정되는 태평양 한가운데 쓰레기 섬과 환경오염에 따른 자연재해에 대한 추가비용이 천문학적으로 들어가게 되는 등 우리가 먹고 살 파이가 더 이상 증가되지 않는다는 것이다. 그간 팽창사회에서 커져만 갔던 파이가 수축사회에서는 정체 내지 축소된다면 국가 간, 기업 간 및 일반 개인들 간에도 경쟁이 극심해질 것이며 극단적 이기주의와 깊은 사회적 갈등은 필연적일 것이다. 왜냐하면, 팽창사회의 플러스 썸에서는 어느 한쪽이 이득을 보더라도 상대편에게 남는 것이 있었지만 수축사회의 제로 썸(마이너스 썸)에서는 어느 한쪽이 이득을 볼 경우 다른 쪽은 전혀 남는 것이 없기 때문이다.

그렇다면 이 시점에서 우리는 어찌해야 할까? 타 선진국에 비해 오랜 기간에 걸쳐 돌파한 국민소득 3만 달러, 어렵게 30-50 클럽(인구 5천만 명 이상이면서 1인당 GNP 3만 달러 이상)에 가입한 한국인데! 파이를 최대한 키우는 작업을 해야 한다. 그러기 위해서는 하루빨리 감소추세의 인구를 증가모형으로 전환토록 획기적인 인구정책을 설계해야 하며, 더 많은 일자리가 만들어져서 경제성장률을 최대한 높이도록 경제프레임을 큰 틀에서 리엔지니어링해야 한다.

이와 더불어 반드시 함께 생각해 볼 또 다른 문제는 수축사회의 제로 썸에서 각자도생을 위한 전쟁이 벌어지게 되면 어느 한쪽은 생존마저 위협을 받게 될 수도 있을 것이며, 그렇게 된다면 개인 모두가 자기만 생각하는 극단적 이기주의에 빠지면서 사회적 신뢰가 무너질 수밖에 없을 것이다. 따라서 수축사회라는 현실을 모두가 공히 받아들이면서 정신적 사고의 틀을 재구축해야 한다. 개인들은 가진 자가 양보하는 미덕과 함께 투명하게 원칙을 지키는 자세를, 기업은 사회적 책임이 아니라 사회적 공헌이라는 넓은 마음을, 그리고 국가는 공권력의 힘을 빌리지 않고도 사회 시스템이 원활하게 작동하는 사회적 펀더멘틀을 굳건하게 구축하는 것이 중요하다.

이 전환기에서 수축사회를 무시하거나 논의를 기피한다면 일본의 '잃어버린 20년'이 아니라 100년이 될 수도 있으며, 반대로 이 위기를 기회로 삼아 다른 어떤 나라보다도 치밀하게 준비를 한다면 국민소득 4만 달러 달성은 물론 타고르가 말한 '동방의 등불'이 세계의 중심이 될 수도 있을 것이다. 3.9 대선을 코앞에 둔 상황에서 탈모, 당뇨 등을 건강보험에 포함시키겠다는 퍼주기식 선심성 공약보다는 다음 지도자가 심각하게 고민하고 준비해야 할 과제가 아닐까 한다.

두 마리 회색코뿔소가
다가온다

    최대 3.5톤까지 나가는 세렝게티의 코뿔소! 초식동물인 코뿔소는 평상시에는 풀이나 얌전히 뜯어먹는 모습을 보이면서도 덩치가 워낙 커서 눈에 잘 띄기 때문에 어느 정도 거리만 유지한다면 피할 수 있을 것처럼 보인다. 그러나 막상 코뿔소가 지축을 흔들면서 돌진해오면 무방비로 당할 수밖에 없는 맹수이기도 하다. 세계정책연구소(WPI) 소장인 미셸 부커(Michele Wucker)는 2013년 세계경제포럼(WEF, 다보스포럼)에서 충분히 예상되는 일이지만 간과하면 큰 코 다칠 수도 있다는 위험을 빗대어 '회색코뿔소'가 온다고 언급한 바 있다. 2008년 글로벌 금융위기 때 전혀 예상하지 못했던 리만브러더스 파산 사태가 갑자기 터져 순식간에 큰 혼란을 일으킨 '블랙 스완(black swan)'이나 퍼펙트 스톰(perfect storm)과는 대비되는 개념이다. 이 회색 코뿔소로 간주되는 사례 중 하나로 미국의 서브프라임 모기지 사태를 들 수 있는데, 2000년대 초반 IT버블 붕괴와 함께 중동전쟁 등으로 경기가 악화되자 경기 부양책으로 미국은 초저금리 정책을 펼치게 되었다. 이에 따라 주택융자 금리도 인하되면서 거래량이 대폭 증가됨과 동시에 주택가격도 상승하여 금융기관의 모기지론 거래량도 불안감 속에 폭증하였으나 경제상황의 변화에 따른 저금리 정책을 실시할 수밖에 없게 되자 부동산 버블이 꺼지면서 모기지론 금리도 올라가 저소득층 대출자들은 원리금을 갚지 못하게 되는 상황에 처하여 미국 유수의 모기지론 관련 금융회사들의 파산이 속출하는 사태를 맞게 되었던 것이다.

세계경제는 물론 한 국가의 경제 틀도 여러 가지 복잡한 요소들이 상호작용을 하기 때문에 모든 것을 유리알 보듯 명확하게 바라보면서 나라 살림을 꾸려 갈 수는 없겠지만 경고하면서 다가오는 회색 코뿔소만큼은 대비해야 하지 않겠는가? 현재, 한국 경제에 있어서 회색 코뿔소는 이것저것 여러 가지일 수 있겠지만 크게 두 가지라고 본다. 하나는 금리변동 상황이며, 또 하나는 적자재정 문제이다.

금리변동 상황은 전술한 미국의 서브 프라임 모기지와 유사한 상황이다. 한국 경제는 부존자원의 부족으로 무역에 크게 의존하는 경제체제로서 미국이나 중국 등의 경제상황에 영향을 받을 수밖에 없다. 미국이 기침을 하게 되면 한국은 감기에 걸릴 수도 있는 구조이며, 최근 중국 헝다 그룹의 디폴트 위험성이나 중국 정부 지분이 절반을 넘는 국영기업 화룽의 부실 부채 문제에 대한 중국 정부의 대응 역량이 의심받으면서 해외 기관투자가들을 긴장시키고 있는 상황이기도 하다. 만약, 미국이 코로나 지원 등으로 풀린 돈의 과다로 인플레이션을 우려하여 시중자금을 회수하기 위해 테이퍼링(자산매입)을 공식화하거나 금리를 인상하게 된다면 한국도 돈의 유출을 막기 위해 금리를 동반 상승시킬 수밖에 없을 것이고, 그렇게 되면 그동안 집값 폭등에 따라 이른바 영끌과 빚투를 했던 다중 채무자와 자영업자 그리고 젊은 20~30대의 취약계층은 과도한 이자부담에 허덕이다가 매물 출회에 따른 집값 폭락으로 이어지면 개인파산을 물론 관련 금융기관들도 안전을 보장할 수 없게 될지 모를 일이다.

또 하나는 적자 재정 문제이다. 당장, 내년의 경우에도 올해보다 46조 원(8.3%) 증가된 604조 원 규모의 역대 최대 예산안을 편성하면서 77조 원 정도의 국채 발행 계획을 세우고 있다. 미국, 독일, 일본 등 대부분의 선진국들이 몇 년안에 균형 재정을 추구하는 것과 달리 한국의 일반 정부부채는 올해 53.2%에서 2026년의 경우 무려 69.7%까지 증가될 수도 있다고 IMF는 전망하기도 하는 상황이다. 국가가 빚을 내어 이를 레버리지(지렛대)로 삼아 확실하게 더 큰 세금수입을 창출하여 원금은 물론 충분한 이자까지 상환할 수 있거나 요즘 코로나 사태 등으로 국가자체가 일촉즉발의 위기에 처해 있을 때에는 국채를 발행하여 공격적인 재정정책을 펼치는 것이 정치이며 국가의 책무일 수도 있다. 그러나 국가는 이윤 극대화를 추구하는 기업이 아니며, 사상 초유의 코로나 위기 대응을 위한 적극 재정의 역할을 부정하고자 하는 것은 아니다. 다만, 선거나 지지율 등을 의식하여 그런 것은 아니겠지만 세금으로 근로자 임금을 보태주고 각종 연금이나 수당, 그리고 실업급여나 건강보험 등 복지 관련 지출에 크게 고민하지 않고 확대하는 것이 바람직하기만 한 것인지는 충분히 검토해 볼 필요가 있다고 생각한다. 혹여, 이에 길들여져 한강의 기적을 이룬 근로의식이 약화되거나 향후 코로나 사태가 진정되더라도 복지관련 등 기존지출을 줄이기는커녕 더 확대해야만 하는 상황이 벌어질 수도 있음을 고민해 봐야 할 것이다. 더욱 걱정되는 것은 재정 적자규모 즉, 다음 세대의 부담인 나라의 빚 증가속도가 너무 빠르다는 점이다. 성장보다 복지지출에 빚을 내어 쓰는 돈이 급증하면서 2017년 660조 원이었던 나라 빚이 금년말에는 1,068조 원으로 부채비율도 36%에서 51%로 확대되어 우리의 미래 세대에 더욱 큰 부담을 안겨주게 되는 것이다. 내년 1인당 나라 빚은 2,060만 원으로 처음 2천만 원대를 넘어서게 됐는데, 이 1,068조 원을 29세 이하 인구 1,540만 명으로 나누면 향후 29세 이하의 젊은이들이 부담해야 할 빚은 1인당 6,935만 원이 되고, 올해 출생하는 신생아가 고등학교를 졸업할 때(2038년)에는 1인당 1억 원 그리고 27세가 되는 2047년에는 2억여 원의 빚쟁이가 될 수도 있다고 한국경제연구원은 경고하고 있다.

한때, 중동을 넘어 유럽까지 지배했던 징기스칸의 후예들도 망했고 마추픽추를 건설했던 잉카제국도 소멸되었으며, 세계 곳곳에 식민지를 가지고 있어 해가 지지 않는 나라라고 했던 영국도 축소되는 등 역사적으로 세계는 수많은 흥망성쇠를 거듭해 왔다. 마라톤 세계기록(2시간 1분 39초)을 갖고 있는 킵초게가 2시간대 벽을 깨기 위해 2분을 단축하기 위해서는 엄청난 노력과 고통이 수반되는 것과 달리 아주 조금만 페이스를 늦추면 순식간에 10분 이상 늦춰지는 것과 같이 국가가 쇠퇴할 때에는 너무나 쉽고 허망하게 무너질 수 있다.

눈 앞에 다가오는 회색 코뿔소를 뻔히 보면서도 그에 대한 대비들을 등한시하거나 미룸으로써 한강의 기적이나 금모으기 운동 등으로 선진국의 대열에 진입한 우리나라가 일본의 20년 장기불황에 빠지지 않도록 선제적이면서도 치밀하게 대비해야 할 필요가 있다고 본다.

디지털 트랜스포메이션
(Digital Transformation)

　요즘 세상에 달의 땅을 사고 판다면 믿을 수 있을까? 한국판 봉이 김선달이 나타났다고 고개를 갸우뚱할 수도 있겠지만 사실이란다. 이미 반세기가 지난 1955년에 미국 자연사박물관장을 지낸 로버트 콜이 4500여 명의 투자자들에게 달나라 땅의 1에이커(4047㎡)당 1달러를 받고 양도증서와 땅의 위치가 표시된 달 지도를 주었으며, 지금도 인터넷상에서는 18~24달러 선에서 활발히(?) 거래되고 있다한다. 또한, 다음 달 화성 하늘에서는 영화 스타워즈에 나오는 것처럼 외계행성 곳곳을 비행하는 모습을 볼 수 있을 거라고 한다. 지난달 18일 화성 표면에 착륙한 미국의 탐사선 퍼서비어런스에 싣고 간 270억짜리 소형 헬기인 인제뉴어티(Ingenuity)를 화성 상공에 인류 최초로 날리는 실험을 한단다. 아침에 일어나서 조간신문 문화면을 펼쳐보면 우리의 눈에 쉽게 와닿지 않는 꼬부랑 글씨 제목을 여기 저기 곳곳에서 볼 수밖에 없을 것이다. 세상에 믿을 수 없는 일들이 생각보다 빠르게 우리 곁을 찾아오고 있는 것이다.

그렇다! 어느 새 우리 사회에 깊숙이 파고 들어온 4차 산업혁명과 관련된 용어들이다. 4차 산업혁명이란 과연 무엇인가? 약 1만 년 전 인간이 수렵과 채집생활을 하던 중 몇몇 동물을 가축으로 키우면서 시작된 농업혁명을 시작으로 증기기관과 전기를 발명하면서 사람의 힘이 아닌 기계의 힘을 이용하게 됐고, 이는 컨베이어벨트에 의한 대량생산으로 인간에게 물질적 풍요를 가져다 주었다. 그 후, 1970년대에 시작된 컴퓨터와 인터넷은 이 세상을 또 한 번 혁신적으로 뒤집어 놓았으며 달나라와 화성에도 인간을 보낼 수 있는 시대를 만들었다. 4차 산업혁명은 길지 않은 시간 동안 누적되어 온 컴퓨터와 인터넷이 고도화되고, 기술 간의 융합이 일어남으로써 우리의 일상에 급격한 변화를 일으키는 현상을 말한다. 4차 산업혁명이라는 용어는 독일의 경제학자인 프리드리히 엥겔스가 처음 언급했고, 영국의 경제학자인 아놀드 토인비가 보편화시킨 것으로, 사물인터넷·클라우드·빅데이터·모바일 그리고 AI 등이 상호 간에 경계를 넘나들며 진화하는 현상을 말한다.

좀 더 구체적인 사례를 살펴보자. 바둑 천재인 알파고가 이세돌에 4승 1패한 이후에는 전승하여 지금은 69전 68승으로 이제는 천하무적이란다. 그도 그렇것이, 프로기사가 100만 번 기보를 학습하려면 1천 년이 소요되는데 알파고는 단 4주 만에 습득을 한다니 당연한 이야기이다. 모든 걸 기억하면서…. 경기도의 한 대학병원에서는 왓슨이라는 인공지능 의사가 진료는 물론 처방 결정까지 한단다. 이 AI의사는 1500만 쪽 의서내용을 기억하며, 수십만 명에 대한 의학지식과 임상경험자료를 바탕으로 단 7초 만에 특정 환자에 대한 처방을 결정한다고 한다. 이 외에도, 일본에서는 AI소설가가 『현인강림』이라는 소설을 출고했으며, 신문기사 작성과 법률자문, 무인자율자동차, 드론, 3D프린팅, AI로봇 등 많은 분야에서 이미 인간을 대체하고 있는 상황이다. 또한 지금은 내일 아침 출장을 위해 머리맡의 스마트폰에 아침 6시에 울리도록 맞추어 놓으면 항상 6시에만 종이 울리지만 아주 가까운 장래에는 간 밤에 눈이 쌓였을 경우 5시에 종을 울려주는 센스를 발휘하는가 하면 테슬라의 창업자 일론 머스크는 인간의 뇌에 칩을 심는 기술을 개발하여 칩만 바꿔 끼우면 토익시험을 만점 맞을 뿐 아니라 세계 도처에 여행 갈 때에는 그 나라 말로 된 칩만 갈아끼우면 아무 문제없이 국내여행 하는 것처럼 편한(?) 세상을 꿈꾸고 있다 한다. 이처럼, 우리가 한번도 경험해 보지 못한 새로운 세상이 우리들의 의지와 상관없이 퍼펙트 스톰처럼 눈앞에 전개될 태세이다.

그렇다면 과연 앞으로의 세상은 인간에게 기회일까? 아니면 스스로의 무덤을 파는 것일까? 이에 대해서는 학자들 간에 의견이 엇갈린다. AI의 등장으로 신산업이 태동하며 일자리는 늘리고 사람의 근로시간은 줄어들어 우리가 행복해지는 유토피아가 될 것이라는 견해(조엘 모키어, 미국 노스웨스턴대 교수)가 있는가 하면, 로봇 등장으로 2030까지 20억 개의 일자리가 사라지며 극단적인 양극화를 가져와 디스토피아가 될 것이라는 견해(토마스 프레이, 다빈치연구소장)도 있다. 또한, 현재 초등학생이 성인이 될 경우 현존하지 않는 직업을 수행할 확률이 65%(다보스 포럼)이고, 지금 초등학교에서 배우는 것의 80~90%는 성인이 된 40대 때는 필요없어지며, 심지어 4차 산업혁명은 인류의 종말로 완성될 것(유발 하라리, 히브리대 교수)이라는 끔찍한 이야기도 있다.

그렇다면 이와 같은 4차 산업혁명을 어떻게 받아들여야 하는가? IT를 기반으로 하는 대부분의 혁명이나 혁신 패러다임에는 대개 두 가지 단면이 함께한다. 새로운 환경에 대한 '기대'와 '걱정'이 그것이다. 우리가 4차 산업혁명에 거는 기대와 우려를 고민해 보았는가? 우리는 이를 인지하고 있는가? 혁신기술을 따라가기에 급급하기만 한 것은 아닌가?

다보스포럼은 이와 관련하여 사물인터넷 등 7대 인프라 혁신기술을 정의했지만 우리나라는 AI, 사물인터넷, 3D프린팅, 자율주행차, 빅데이터, 지능형로봇 그리고 클라우드 등 산업화에 가까운 7대 기술로 규정하였다. 현재 4차 산업혁명이 가장 발전된 나라라고 하는 독일이 2011년부터 인더스트리4.0을 추진한 반면, 우리나라는 2017년에야 대통령 직속으로 4차 산업혁명위원회를 설립하여 지원하기 시작하여 독일이나 미국, 일본보다 뒤처져 있는 상황이라고 한다. 향후 전개되는 4차 산업혁명 사회에서는 승자와 패자가 확연히 구분되며, 승자는 승자의 저주가 아닌 승자독식시대가 되는 구조일 것으로 대부분의 연구자들은 예측한다. 따라서 관련 기술에 대한 연구지원은 너무나도 시급하고 당연한 일이다. 그 외에도, 변화되는 삶의 환경을 받아들일 수 있는 신 사회구조나 경제 양극화에 따른 사회윤리 등이 미리 준비되지 않은 채 갑작스레 변화된 환경을 접하면 너무나도 큰 사회문제가 대두될 가능성 또한 매우 크다.

'노아의 방주'는 대홍수에서 살아남은 현생인류가 아닌 외계의 타행성에서 온 랜더(착륙선)일지도 모른다. 테슬라 창업자인 일론 머스크는 스페이스X를 설립한 뒤 인간의 화성이주를 목표로 만든 우주선 시험비행을 성공적으로 마쳤다고 한다. 이 화성우주선이 인류를 버리는 방주가 아니라 인류에게 기회가 되는 '머스크 방주'가 되기를 기원한다.

한국인,
누구인가?

인류의 미래 예언가 존 티토는 머지않은 미래에 한국의 영토
는 동남아에까지 확장되며 일본은 한국의 식민지가 된다는 다소
황당한 예언을 한 바 있지만, 지금의 한국은 아시아 대륙의 한
귀퉁이에 단일민족으로 구성된 세계 속의 작은 반도 국가이다.
지정학적으로는 강국들 틈 속에 끼여 시달려 왔으며, 시대적으
로는 인류 삶의 큰 틀이 전환될 수 있는 예측불가의 변환기에 살
고 있는 현실이다. 일제 강점기와 전쟁을 겪은 후 피와 땀으로
짧은 기간에 한강의 기적을 이루면서 선진대열에 동참하려는 이
변화기에 자신의 모습을 한번쯤 깊이 뒤돌아보고 반석으로 삼음
은 의미 있는 일이라고 본다.

길지 않은 우리의 역사지만 삼국시대부터 고려시대, 조선시대
까지 끊임없는 외세의 침략을 받아왔다. 급기야는 한일합방까

지…! 그럼에도 불구하고, 세계무역 8강에 국가경쟁력 10대국에 올라섰으며, 유엔무역개발회의(UNCTAD)에서 선진국으로 공식 인정받은 나라가 한국이다.

한민족, 한국인은 누구인가? 같은 혈통에 생김새도 비슷하고 유사한 행동거지를 보이며, 한글을 공통의 문화요소로 사용하면서 남북으로 길게 뻗은 한반도에 집단적으로 살아가는 사람들이다. '한(韓)'이란 멀리 삼국시대 이전 삼'한'에서 시작하여 대'한'제국으로 그리고 대'한'민국으로 이어졌으며, 우리의 현행 헌법에도 국가는 전통문화의 계승발전과 '민족'문화의 창달에 노력해야 한다고 적고 있는 등 한민족에 대한 정체성 개념은 여러 곳에서 인지되고 있다.

한국인의 정체성, 무엇인가? 보는 사람에 따라 다르겠지만 많은 외국인들은 한(恨)과 정(情), 공존의식을 꼽는다. 보릿고개 시절부터 물질적 부족 등으로 발현된 한은 단순한 억울함이 아니라 영혼의 상처와 그 흔적이다. 어쩌면 그 한이 경제적 문제가 어느 정도 해결된 지금에도 지나치게 물질을 추구하게 만든 건 아닌가 한다. 매일 집값이 어떻고 연봉이 얼마이고 차의 배기량이 어떻고 등등 하루 대화 중 절반을 물질에 대해 얘기한다. 천정부지 물질에만 집착하다 보니 고단한 삶의 연속일 수밖에 없으며 행복은 내 것이 아니어서 국가 GDP가 12위인데도 한국인의 행복지수는 59점으로 세계 58위에 랭크되지 않나 생각된다. 요즘 태어난 세대는 잘 알지 못하는 그러한 한을 이제는 다시 해석하고 달래는 것도 고려해 봄직할 것이다.

지금도 그러한지 모르지만 캐나다의 도시 내 상점은 저녁 8시가 되면 불을 끄고 각자의 가정으로 돌아가며, 여행 중 차창에 비치는 서유럽 여러 국가들의 마을 모습은 골프장같이 잘 정리된 푸른 잔디밭에 드문드문 살고 있는 인가의 모습이었다. 벌집처럼 모여 사는 한국과는 상반된 마을구조이다 보니 이웃 간 정을 만들기가 쉽지 않을 뿐더러 개인주의화 되어 물질에 대한 경쟁심도 그다지 필요하지 않아 자연스럽게 가족 단위 삶이 영위되면서 천정부지의 부를 추구하기보다는 삶에 대한 의미와 가치가 보다 소박하고 여유 있는 삶으로 이어지는 것은 아닌가 한다.

그렇다고 정이라는 것이 없다는 것은 아니며 정을 부정적 시각으로 보는 것은 아니다. 어쩌면 한국인의 정은 세계문화유산에 등재될 만큼 사람들의 삶에 가치 있는 것인지도 모른다. 한국인의 정은 단순히 가는 정이 있어야 오는 정도 생기는 얇은 정이 아니라 상대와 치고받으며 밤탱이를 만든 것에 대한 미안한 마음이 가슴 속 깊이 드리우는 한과 같은 정이다. 또한, 상호 간 정은 공존의식으로도 이어진다. 굳이 '뭉치면 살고 헤치면 죽는다'라는 문구를 인용하지 않더라도 한국인의 공존의식은 살기 위해서 이어졌다. 한국인 특유의 공존의식은 국가에 대한 주인

의식과 결합하여 강한 응집력을 보여주기도 하였다. 새마을 운동부터 시작하여 IMF 때 금 모으기 운동 그리고 광화문 촛불시위 등이 우리 사회에 정치, 경제적으로 기여한 정도는 세계사에서 찾을 수 없는 우리 민족만의 특성이 아닌가 한다.

세계 속의 한국인! 한국인으로서 단일민족이라는 자부심을 가지는 것은 좋지만, 그것을 너무 고집하거나 다른 민족을 배척하는 것은 옳지 못한 행동이다. 정체성은 시대환경의 변화에 따라 변할 수 있으며, 부응하지 못하면 도태될 수 있다. 지금과 같은 대변혁기에 한국인의 정체성도 한번쯤 음미해 볼 필요가 있어 보인다.

트랜스 휴머니즘
(Trans Humanism)

「로봇승려」도 해탈에 이를 수 있을까?" 며칠 전 모 일간지의 인공지능 관련 기사의 제목인데, 실제로 우리나라에서도 2017년 한국불교학회가 연 학술대회에서 '인공지능 로봇의 해탈 가능성'이라는 주제가 논의된 적이 있다고 한다. "아무도 죽지 않는 세상이 온다면 당신은 어떻게 할 것인가?" 트랜스휴머니즘의 현재와 미래를 안내하는 모 책자의 제목이기도 하다.

1982년, 미국의 TIME지가 그해를 대표하는 인물로 인간이 아닌 컴퓨터를 뽑아 표지모델 문구를 'People of the Year'가 아닌 'Machine of the Year'라는 획기적 제목으로 붙인 지 40여 년이 되어오고 있다. 바야흐로, 옛날에는 꿈도 꾸지 못할 로봇 기계에의 감정이입 가능성을 넘어 그와 관련된 휴머니즘에 대해 논의가 필요하다고 본다. 정말로, 로봇기계가 인공지능을 넘어 감정을 가질 수 있을까?

흔히 우리는 로봇이라고 하면 인간을 닮은 휴머노이드(humanoid) 로봇을 떠올리는데, 그중에서도 외모와 지능이 인간과 거의 비슷한 로봇인 안드로이드(Android) 로봇을 만들려고 노력 중이다. 실제로, 2015년에 일본 소프트뱅크는 감정 인식 로봇 '페퍼'를 선보이기도 하여 그 가능성을 고조시키기도 하였는 바, 이와 같은 인류의 과학기술 발달에 무한히 박수를 보낼 수 없음은 먼 미래에 대한 두려움 때문일까?

트랜스 휴머니즘(Trans humanism)이란 과학과 기술을 이용하여 사람의 정신적·육체적 성질과 능력을 개선하려는 지적·문화적 운동으로 장애, 고통, 질병, 노화, 죽음과 같은 인간의 일반 현상들을 바람직하지 않은 것으로 규정한다. 즉, 로봇기술과 나노 테크놀로지 그리고 유전자 기술을 통해 인간의 육체적인 능력을 확대시키거나, 수명을 획기적으로 연장시키려는 생명공학 분야의 연구를 거듭하고 있다. 또한 인간의 뇌 속에 슈퍼컴퓨터와 연결되는 칩을 이식시킴으로써 인간의 지식을 무한대로 늘리고 있으며 그 활동영역을 컴퓨터의 가상공간으로 확대시키려는 뇌 과학 등의 연구로 인류가 현재보다 훨씬 확장된 능력을 갖춘 영원히 죽지 않는 존재 즉, '차세대 인간(Post human)', '신인류(Neo human)'로 변형될 것이라고 바라보면서 이를 긍정적으로 받아들이는 입장이다.

한 예를 들어보자. 미래의 인간 빅터(Victor)는 30대로 보이지만 사실 그는 현재 250살이며, 아마도 영원히 죽지 않을지도 모른다. 60살 즈음에 심장병을 심하게 앓았지만 이제는 인공심장 덕분에 마라톤을 가볍게 뛸 수 있을 정도로 힘과 활기가 넘치며, 사고로 한쪽 팔을 잃었지만 잃기 전보다 훨씬 더 강해진 그의 팔을 인공물이라고 생각하는 사람은 아무도 없다. 한쪽 눈에 낀 콘택트렌즈를 통해 자기 몸과 주변환경에 대한 정보를 수시로 전송받는데, 수명이 다한 망막세포를 컴퓨터 칩으로 교체하지 않았다면 벌써 오래전에 장님이 되었을 것이다.

250살이나 된 빅터는 젊을 때보다 더 건강하여 병원에 갈 일이 없다. 수십억 개의 나노로봇이 몸속 구석구석을 돌아다니며 질병이나 노화로 손상된 세포를 수리하고, 암세포는 눈에 띄는 대로 즉시 없애버리기 때문이다. 그렇다면, 빅터의 심장과 망막은 누구 것인가? 심장에 문제가 생기면 아프다고 해야 하나, 고장 났다고 해야 하나? 빅터는 인간인가, 사이보그인가?

지금으로서는 생각하기조차 끔찍(?)한 일일 수도 있다. 그러나 이와 같은 인간강화에 대해 어떤 입장을 취하든, 우리는 지금도 기술생리적 진화와 게놈을 연구하여 생명을 연장하고, 심부 뇌자극과 이식형 제세동기를 통해 인공장치와 신체를 통합시키는 등 초기 단계의 트랜스휴머니즘은 어디서든 이미 진행 중이며, 우리는 이미 그것들을 아주 적극적으로 일상생활에 끌어들이고 있다. 이제 머지않은 미래에 상상을 초월할 정도로 인간수명을 연장시키게 될 것이고, 개개인의 삶뿐만 아니라 사회의 모습도 완전히 바꾸게 될 것이며, 동시에 전혀 예측하지 못한 현실적 문제와 생체윤리·로봇윤리·테크노윤리 등 윤리적 문제 그리고 또 다른 종교적·철학적 문제 등을 일으킬지도 모른다.

대체로 인문학자들은 인간이 타 생명체보다 우월하지 않다는 포스트휴머니즘을 환영하는 반면, 과학자들은 전술한 바와 같이 인간과 기계의 융합에 따른 인공지능 로봇이 인간과 동등한 대우를 받거나 인격을 부여받는 일에 철저하게 반대하는 입장이다. 프란시스 후쿠야마(Francis Fukuyama)처럼 이 트랜스휴머니즘을 '세상에서 가장 위험한 사상'이라고 비판하는 등 걱정하는 미래학자들도 많지만, 컴퓨터 과학자인 레이 커즈와일(Ray Kurzweil)이 지적했듯 융합기술의 발전은 어떤 한계점을 넘으면 기하급수적인 변화를 수반한다는 사실은 준비 안 된 인류에게 재앙이 될 수도 있음직하다.

그럼에도 불구하고, 이에 대한 사회적 논의나 불투명한 미래에 대한 준비는 한국은 물론 세계에서도 큰 이슈가 되지 않는 것처럼 보인다. 인간의 강화는 어디까지 가능할까? 건강하게 오랜 수명을 누린 후 우리는 스스로 인공장기의 작동을 멈출 수 있을까? 인간 강화기술 적용에 불평등은 없을까? 인공장기를 통해 수집된 정보는 누가 관리해야 하나? 또한, 인간수명이 250살만큼 길어지면 지구라는 행성에서 함께 잘 살 수 있을까? 250살까지 무엇을 하며 살아야 하나? 너무 오래 산다고 생각할 때 안락사는 인정해야 하나? 인간강화기술 보유 정도에 따라 가난한 국가는 이 세상에서 없어지는 것은 아닌가? 옛날의 공상과학 영화가 현실이 되듯 인류는 사이보그를 마다하지 않고 기꺼이 받아들인다. 사람이 인간으로 남을지 혼종 생물체가 될지 아님 뇌와 기억만 로봇의 몸체에 이식하여 불멸의 존재가 될지는 현재로서는 아무도 모른다. 다만, 이 길이 먼 훗날 지구상의 인류에게 바람직한지 아닌지, 그리고 통제관리가 가능하다면 「결국, 인간이란 무엇인가?」에 대해 깊이 음미해봐야 한다.

코로나 디바이드(Corona Divide)
이후

　얼마 전, IMF는 우리나라가 지난해 세계 10위권의 경제대국이 되었다고 밝힌 바 있다. 2019년에 12위였으나 지난해에 브라질과 러시아를 제친 것이다. 이미 10여 년 전에 세계무역 8강 대열에 들어섰으니 어쩌면 당연한 결과인지도 모른다. 하지만 더 직접적인 이유는 브라질이 코로나19 방역에 실패한 반면, 우리나라는 상대적으로 이에 대한 관리가 어느 정도 되었기 때문으로 보고 있다.

　코로나19는 인간을 넘어 경제까지 감염시킨 결과 전 세계적으로 주식과 채권의 폭락은 물론 인간의 이동을 꽁꽁 묶어놓아 항공사나 여행업계는 물론 소상공인, 자영업자들의 삶을 무너뜨리고 있다. 이와 같은 상황 속에서, 전 세계는 백신만 개발되면 모든 게 풀릴 줄 알았고 좀 늦긴 했지만 몇몇의 백신들이 개발되어 접종이 진행되고 있는 상황이다. 그러나 막상 백신이 어느 정도 진행되자 세계경제는 '불균형 회복'과 'K자형 성장'이라는 또 하나의 새로운 감염병상에 눕혀진 상황으로 변해가고 있다. 'K자형 성장'이란 문자의 모양처럼 처음에는 모두 다 경기가 뚝 떨어졌다가 그 이후에는 위로 올라가는 축과 아래로 추락하는 축으로 나눠지면서 양극화가 심해진다는 의미를 갖고 있다. 이른바, 코로나 디바이드(divide) 현상인 것이다.

지금까지 전 세계의 보편적인 경제성장률 지표는 미국이나 유럽 등 경제 선진국은 낮은 반면 중국이나 개발 신흥국은 상대적으로 높은 행태를 이어왔다. 작년에 IMF가 발표한 2021년 세계 경제성장률 전망치도 선진국이 1.6%임에 비해 개발 신흥국은 4.6%로서 정체된 선진국에 비하여 상대적으로 고속성장하는 개발 신흥국의 모양을 보였었다. 그러나 코로나 대유행 이후 백신 개발 및 접종 시즌을 맞아 이러한 대세는 순식간에 무너져버렸다. IMF에 의하면, 지난해 누적 확진자 수 세계 1위로 방역실패국이라는 오명을 썼던 미국의 백신 접종률은 40%대로 이 역시 세계 1위에 오르면서 올해의 경제성장률 예측치가 무려 6.4%로 37년 만에 가장 높은 성장률을 기록할 전망이라는 것이다. 이에 비해, 백신 접종률이 낮은 동남아의 아세안 5국과 브라질, 남아프리카공화국 등은 미국에 크게 뒤질 것으로 전망되고 있을 뿐 아니라 이러한 상황이 수년간 이어져 세계경제의 부익부 빈익빈의 반복은 더 깊은 양극화를 초래하여 세계질서에 또 다른 위협

요인이 되지 않을까 하는 경고음이 나타나기도 하는 것이다.

다행히도, 미국은 백신이 갈라놓은 세계경제의 위험성을 인식하여 백신에 대한 지적재산권 보호를 포기할 것이라는 보도가 나왔지만 WTO규정상 전 세계적 합의에 도달하기까지에는 생각보다 긴 시간이 필요할 것이라는 견해도 있거니와 어쩌면 이 기회에 중국의 도전을 꺾을 호기로 보는 것은 아닌지 의아스런 생각이 드는 것도 사실이다.

지금까지 미국의 아성에 도전했던 나라는 구소련과 일본으로, 구소련은 군사, 우주, 과학기술 등 여러 분야에서 1970년대에 미국 경제규모의 40% 선까지 이르렀지만 페레스트로이카와 글라스노스트 등의 개혁정책에도 불구하고 국가시스템의 한계를 극복하지 못하여 1990년대 초에 연방이 해체되었으며, 한때 소니의 워크맨 등으로 가전 및 자동차 등 제조업 분야에서 세계 최고 수준에 올랐으며 소니가 미국의 컬럼비아영화사를 인수하고 미쓰비시가 록펠러 센터를 사들이는 등 '동경을 팔면 미국을 살수 있다'고 큰소리치면서 미국 경제규모의 70%대까지 추격했던 일본이 1985년 뉴욕 플라자합의를 통해 엔화가치의 평가절상을 받아들이면서 부동산 버블까지 겹쳐 '잃어버린 20'년이 시작되었던 것이다.

그런데 이제는 2020년 GDP규모 14조 7천억 달러인 중국이 미국(20조 9천억 달러)의 70%대를 넘기면서 2028년도에는 미국을 앞설 것(영국 경제경영연구소, 일본 경제연구센터 등)이라고 예상하는가 하면, '동승서강(東昇西降, 동쪽은 뜨고 서쪽은 내려간다)'이 대세라는 중국이 세계1위 경제대국을 넘보면서 미국과 기 싸움을 벌이고 있는 것이 현실이 아닌가?

설령, 중국 전체 GDP가 미국을 추월한다 해도 1인당 GDP수준은 현재 미국(6만3천 달러)의 1/6수준이며, 국방예산 역시 미국(7,405억 달러)의 28% 수준이고 위안화가 달러를 대신하여 기축통화가 되기란 불가능한 상황이다. 그렇다 해도, 미국은 결코 중국의 도전을 그냥 두지 않을 가능성이 크다. 세계 최강대국이 되려면 전략적으로도 반도체 기술 자립이 긴요하다는 중국 정부의 반도체 굴기에 미국의 견제와 압박이 가시적으로 나타나고 있는 것도 이를 반증하는 것이라고 본다.

이처럼, 어려운 국제관계와 초 단위로 혁신하는 4차 산업혁명 그리고 미증유의 코로나 사태를 고려하여 코로나 이후의 상승축과 하강축 중 상승축에 국운을 걸 수 있도록 노력해야 한다. 백신만 놓고 보면 우리나라는 선진국보다 개발국에 가까운 것이 사실이다. 그러나 이 코로나를 이긴 올해 4월 수출이 전년 대비 41.1% 상승하여 10년 만에 최대 폭으로 상승하기도 하였다. '한강의 기적'을 이룬 민족이 아전인수의 당파싸움을 거두고 머리를 맞댄다면 무엇인들 못할까? 후세에게 빚만 잔뜩 물려주기보다 보다 확장되고 기름진 경제영토를 물려주어야 한다. 혼자서

하는 100m 달리기보다 1만m 계주달리기가 중요하며, 임시성
공보다는 궁극적인 성공을 위해 큰 그림을 그려야 한다.

그토록 선거패배를 인정하기 싫어했던 트럼프가 워프스피드
작전을 통해 10년 걸릴 백신개발을 10개월 만에 완료하여 바이
든에게 넘겨준 것처럼 국가와 국민을 위한 다음 정권의 국정운
영에 시행착오를 줄이기 위해서라도 이 시점에서 이 3요소의 중
요성은 아무리 강조해도 지나치지 않다고 본다.

편 가르지 않는 사회

'뭉치면 살고 흩어지면 죽는다!'

초대 이승만 대통령이 해방 이후 좌익과 우익으로 나뉘어 분열되고 있을 때 미국과 소련이 한국인의 독립국가를 세우는 것을 방해하지 못하도록 국민의 단결을 호소하기 위해 특유의 떨리는 목소리로 연설한 말이다. 새해 벽두에 우리나라가 G7국가 중 하나인 이탈리아를 넘어선다는 굿뉴스가 있는 반면 잠재성장률이 매년 하락하여 일본의 장기불황 못지않은 저성장이 고착화할 수도 있다는 배드뉴스도 심심찮게 들려온다. 즉, 코로나19가 들썩이던 작년 한 해 우리나라의 국민총소득(GNI)이 처음으로 G7국가 중 하나인 이탈리아를 넘어설 것으로 예측된다는 것이다. 제조업과 수출산업 비중이 높은 우리나라는 전년대비 GNI가 1000달러 정도 감소하지만 관광업 등 서비스업과 내수 비중이 높은 이탈리아는 코로나19로 인해 3000달러 내외로 더 많이 감소하면서 역전된다는 것이다. 반면 반도체와 전자, 자동차 등 몇몇 특정 품목의 수출주도형 국가인 우리나라는 전통적인 주력 산업들이 부진에 빠질 경우 곧바로 경제위기에 봉착하게 되는데, 경쟁국들인 중국이나 관련국들이 바로 뒤쫓고 있으며 심지어는 앞서기도 하는 것이 요즘 상황이기 때문이다.

미국의 금융전문가인 짐 로저스 회장은 "일본의 스가 총리가 중장기를 보지 못하고 자신과 자신의 체제를 유지하는 데에만 급급해하는 아베노믹스를 계승하는 한 인구감소가 급속히 진행되는 일본사회에서 앞으로 사회문제가 심각해질 것"이라면서 일본의 쇠퇴가 필연적이며 심지어 100년 뒤에는 없어질 수도 있다고까지 말하고 있는 상황이다. 전술한 바와 같이, 작년에 우리나라가 G7 중 하나인 이탈리아를 제치고, 증시는 3000고지를 눈 앞에 두고 있으니 샴페인을 터트려야 하는게 아닌가 할 수도 있을 것이다. 그렇다, 어느 정도는 '한강의 기적'처럼 그럴 수도 있다고 본다.

우리나라는 1960년대 이후 매우 빠르면서도 중요한 사회구조적 변동을 시도해 왔다. 새마을 운동을 시작으로 근대화와 함께 점진적인 개방으로 글로벌화에 성공해왔다고 볼 수 있다. 그 기저에는 정치의 민주화와 경제구조의 산업화 그리고 생태구조의 도시화 등의 변모가 있었다. 그러나 이 짧은 과정에서 전통적 가치와 근대적 가치 그리고 글로벌화에 따른 외래적 가치가 뒤섞이는 바람에 유교주의, 애국주의, 합리주의보다는 개인주의, 물질주의 등의 사고가 가치 간의 갈등과 부조화 그리고 계층 간, 지역 간을 넘어서 세대 간의 갈등으로까지 번지고 있는 상황이다.

심각한 것은 성장보다 분배를 강조한 나머지 요즘 젊은이들은 어릴 때부터 경쟁에 내몰리고, 입시나 취업압박에 고강도로 시달리면서도 부모보다 못사는 첫 세대가 나올 수 있다는 것이며, 성장의 기반이 약화 내지는 무너질 수도 있는 것이다. 이런 상황에서 우리 사회는 하나로 뭉쳐도 난국을 헤쳐가기가 쉽지 않을진대 개인주의가 이기주의가 되어 상대방의 얘기는 아예 들으려고 하지도 않는 난청의 사회로 흘러가는 것이 심히 우려스러울 뿐이다.

대체로, 한국인은 전통적인 씨족사회와 마을사회에 기인하여 사고와 행동에 있어 이지(理智)보다 감정이 우선하는 경우가 더 크다. 합리적이고도 냉철한 판단이 요구되는 상황에서 감정을 내세워 흥분하는 사례가 적지 않으며 객관성을 중시해야 할 공정·공평 사안에서도 정실·정파에 끌려 공과 사를 구분하지 않는 경우가 이제는 갈수록 우리 사회에 비일비재하다. 옳고 그름을 떠나 상대편이면 집단적으로 언어폭력을 가하고 내 편 주장을 관철시키기 위해서는 인격살인까지 하는 문화가 아닌 떼쟁이 행태는 국가를 이끌어가는 정치권이 솔선하여 조정해야 한다.

한 예로 탈 원전, 예타면제제도 수정, 검찰개혁 등등 엄청난 사건들은 분명히 국가 백년대계에 유불리와 장단점, 필요성과 시급성 등이 복합적으로 내재되어 있는 바 관련 당사자들이 충분한 시간을 갖고 면밀하게 검토·경청한 뒤 결론이 정해지면 그 결과에 따라야 하는 것이 국가경영에 책임지는 자세일 것이다. 청와대에 설치한 신문고는 큰(?) 민원을 해결해주는 취지도 있겠지만 오히려 편 가르는 역할을 하고 있는 건 아닌지?

1980년대 대학가에서는 오로지 애국하는 마음으로 최루탄을 맞으며 저항하고 시국선언 등을 했지만 지금의 대학가는 마치 야성을 잃은 것처럼 조용하다. 당장, 내 코가 석 자이기도 하지만 그들마저도 이쪽 저쪽으로 나뉘어지는 바람에 그런 행사(?)를 실행하는 것 자체가 불가능해진 것인지도 모를 일이다. 국가의 미래를 위해, 우리들의 후손들을 위해 이 슬픈 현실을 누가 치유를 할 것인가?

2020년은 그야말로 코로나19로 시작해 코로나로 끝난 해이다. OECD 33개국 중 코로나 대응지수 최고, 마스크 착용 준수율 94%로 최고라고 한다. 코로나19가 '헤치면 살고 뭉치면 죽는다'고 했지만 꼭 몸으로 뭉쳐야 하는 것은 아니다. 마음으로 뭉칠 수 있다. 위정자를 포함하여 우리 국민 모두가 한마음이 되어 국가성장의 근간을 훼손하지 않고 더욱 굳건하게 세울 2021년이 될 수 있기를 간절히 기도한다.

통일한국의
2050년

'카오스(chaos)'란 한마디로 무질서, 혼란으로 정의되고 있는 한편, '카오스 이론'은 무질서하고 혼돈의 상태에 있는 것으로 보이는 현상들 속에서도 질서와 규칙성을 지배하는 논리적 법칙이 존재한다고 보는 이론이다. 그렇다! 사람이 살아가고 있는 인간사에는 다양하고 혼란스런 면도 있지만 우리가 헤쳐갈 수 있는 질서와 규칙을 찾을 수도 있다는 것이다. 어쩌면, 코로나19가 퇴치되지 않고 감기처럼 함께 가야 하거나 더 강력한 바이러스가 지속적으로 인류를 혼돈에 빠뜨려서 괴롭힐지도 모를 일이다.

원래, 인류는 평화스런 땅에서 농업과 목축업을 기반으로 시작하여 산업혁명 등으로 발전하면서 그래도 얼마전까지는 인류가 공존공영하기 위해 어떻게 해야 하는지 큰 틀에서는 상호협력하며 나름대로 지켜야 할 선을 가지고 있어 왔다.

그러나 우리는 지금 인류 역사상 한번도 경험해보지 못한 불

확실성 시대를 맞이하고 있다. 처음으로 한 학기 내내 온라인 강의가 이루어지는가 하면 추석명절에도 고향방문이 환영받지 못하는 언택트 시대가 새롭게 등장하고 입과 코를 가리는 마스크는 이제 옷의 한 부분이 될지도 모른다. 게임 속 가상공간이 빅데이터 시대를 맞아 이제는 우리의 일상 공간으로 탈바꿈하면서 세상을 뒤집어놓을 제4차 산업혁명의 텃밭이 되어가고 있다.

부존자원이 없고 일제 강점기와 전쟁을 겪은 우리나라는 여러 가지 어려운 환경 속에서도 꿋꿋하게 피땀 흘려 노력해 온 결과, 세계의 주요 경제학자들은 지난 반세기 동안 가장 빛나는 성공스토리로 한국을 꼽기에 주저하지 않는다. 1960년대 초 GNP가 볼리비아보다도 낮았던 한국이 불과 반세기 만에 이탈리아, 영국, 프랑스를 앞서는 세계 5대 제조업 강국이 되었으며, 국가신용등급도 일본이나 중국보다 2단계 위로 영국, 프랑스와 같은 AA에 랭크되어 있다. 국가발전의 원동력이라고 할 수 있는 R&D투자는 절대금액으론 세계 5위이지만 GDP 대비 비율로는 이스라엘에 이어 세계 2번째이며, 안보와 치안 등 각국의 취약성을 지수화한 취약성지수에 있어서도 북유럽 국가들엔 미치지 못하지만 미국, 영국, 일본 등에 비해서는 상위에 랭크되어 있는 것이 현실이다.

또한, 미래예측과 적응력을 평가하는 2020년 Most forward Thinking Countries에서는 캐나다, 스위스, 호주, 영국, 독일을 제치고 세계 3대 미래지향 국가로 선정되었으며, 블룸버그의 혁신국가 랭킹에서는 독일에 이어 2위를 차지하였고, 이 외에도 최근 들어서는 K-pop과 K-movie 등 한국문화가 전 세계에 맹위를 떨치면서 한국어를 배우는 국가들도 빠른 속도로 증가하는 상황이다.

이와 같은 위상은 우리 모두가 아는 것처럼, 하루아침에 이루어진 것은 결코 아니며, 한강의 기적 이래 선조들의 피와 땀으로 이루어진 노력이 그 열매를 맺는 것이라고 본다. 문제는, 이 열매가 요즘의 카오스 시대를 맞아 멈추게 해서는 안 된다는 것이다. 현실의 어려운 상황을 전략적으로 잘 헤쳐 나가야 함과 동시에 지금까지의 생각과 가치가 통하지 않을지도 모르는 4차 산업혁명 시대의 미래를 꿰뚫어 보는 혜안이 필요하다. 선조들이 일구어 놓은 열매를 따 먹기에 급급해서는 결코 안 되며, 우리의 미래를 위해 후손들을 위해 그 열매를 더 키워야 한다. 우리의 위상이 반세기 만에 유례없이 좋아진 건 사실이지만 그러나 그 속이 단단한 것은 아니어서 주변국 및 세계 강국의 입김에 취약한 것 또한 사실이다.

일찍이 김구 선생은 '뭉치면 살고, 헤치면 죽는다'고 했다. 뭉쳐서 지혜를 모아야 하고 뭉쳐서 힘을 길러야 함에도 정의를 정의로 보지 않고 편을 가르는 요즘 우리 사회가 더 크게 발전하기 위한 통과의례라면 그나마 다행이겠지만 그리스나 베네수엘라처럼 무너져 내리는 사회의 공통적인 모습이 비춰짐은 심히 경계해야 할 것이다.

미국 아이비리그 대학의 학자들 또는 대표적 투자은행인 골드만삭스 등이 2050년대 통일한국이 세계에서 G2가 될 것이라는 지금으로서는 신뢰가 가진 않지만 기분 나쁘지는 않은 말을 했다고 한다. 통일 한국의 물리적 면적은 22만㎡이지만 경제영토는 세계 1, 2위라는 이야기이다.

요즘의 혼돈사회에서 우리는 2050년대를 바라보는 대한민국호의 시대적 가치를 반영한 항로를 찾아야 한다. 흔들리지 않는 국가운영시스템도 중요하고, 열매를 나누기보다 키우는 경제운용, 개인과 사회가 조화를 이루고 사회구성원 모두에게 공평하게 적용되는 사회적 가치 그리고 현세뿐 아니라 미래 세대도 바라보는 새로운 개념의 국가운영 틀이 국민들의 박수와 함께 만들어져야 할 것이다. 한강의 기적에서 발원한 코리아가 해가 지지 않는 나라가 될 수 있도록 '동방의 등불'이 활활 타오르기를 꿈꾸어 본다.

코로나19,
위기 속의 기회다

아담과 이브가 무화과 열매를 따 먹은 이래 인류는 태초부터 각종 난관에 봉착하면서 살아가야 되는 건지 모른다. 그런데 이번 코로나 바이러스19는 좀 세다. 8월 말 현재 전 세계에 코로나 감염자가 2278여만 명에 사망자가 80만 명에 이르고 있다. 세계최강 미국이라는 나라의 감염자 수가 8월 말 현재 570만 명, 브라질이 350만 명 그리고 인도가 290여만 명에 이른다. 미국의 경우 하루 감염자 증가 수가 무려 17여만 명이라니 이게 세계최강 미국이 맞는가 의심할 정도이다. 그럼에도 그 심각성을 인지하지 못하는 건지 안 하는 건지 디즈니랜드의 모습은 매우 활기차다고 하니 뭔가 좀 이상하지 않은가? 더욱 이상한 것은 코로나가 맹위를 떨치는 동안 미국에서 하루 동안 21만 건으로 역대 최대 구매치를 기록한 물건이 하나 있는데 바로 총기라는 것이다.

이처럼 코로나19는 인간 삶에 있어서 이미 많은 것들을 바꿔 놓고 있다. 인간은 자연 앞에 나약해질 수밖에 없으며 세계 최강 미국이 핵이 아니라 하찮은(?) 것에 맥없이 무너질 수 있고 총알처럼 돌고 있는 우주 쓰레기 1억 개와 태평양 한가운데 한반도의 7배나 되는 쓰레기 섬 등 환경오염은 언제든지 코로나19보다 더 센 바이러스를 인간에게 가져올 수 있다는 점이다. 좀 더 좁은 시야로 보면 전 세계인들의 입에 마스크를 채웠으며 인간 활동의 위축으로 대기가 깨끗해지고 지구가 살아나는 긍정(?)의 효과와 함께 러시아의 10일간 밀수출 금지조치 등과 같은 식량 민족주의는 먹고사는 문제 때문에 또 다른 전쟁을 유발할 수도 있다는 부정적 효과가 함께한다.

이처럼 이미 총성 없이 80여만 명을 죽음에 이르게 하고 현재도 진행 중인, 어쩌면 핵보다도 더 무서운 형체 없는 왕관 모양의 이 바이러스는 잡힐까? 의료선진국인 미국이나 러시아 등 주요국이 밤낮으로 빅데이터와 IT기술을 이용하여 노력 중이니 그리 머지않은 장래에 백신이 나오리라 생각된다. 그러나 그게 끝은 아닐 것이다. 이미 과거 수차례 사스나 메르스 등을 경험했던 것처럼 코로나19보다 더 센 저승사자가 나타나지 말란 법이 없다. 하루빨리 코로나19 백신에 대한 3상 연구를 성공시켜 소리 없이 인류의 피를 말리는 코로나를 종식시키는 것이 무엇보다 중요하다.

그러나 좀 더 멀리 볼 필요가 있지 않을까? 코로나 바이러스가 이 세상에 온 근원이 무엇인지 말이다. 전술한 바와 같이 이번 코로나19는 지난 바이러스와는 달리 인류에게 확실히 경고하고 있지 않은가? 좁게는 인류의 생활패턴을 바꾸고 있지만 넓게는 절대강국과 약소국의 경계를 무너뜨리는 정도를 넘어 그 위상이 뒤바뀔 수도 있음을 말해주고 있다고 본다. 장래를 위해 우리가 해야 할 일은 무궁무진하다. 백신 개발도 중요하지만 코로나 바이러스의 근원을 차단할 환경산업, 좀 더 구체적으로 의료환경산업이 더 중요하다고 본다. 핵은 독점이 아니라 과점이어서 함부로 사용하기 쉽지 않고 사용한다 해도 공멸이다. 환경의료 강국이 노아의 방주까지는 아니더라도, 멀리 중동 서역까지 영토를 확장했던 징기스칸의 몽골제국까지는 아니더라도 2050년에는 우리의 위상을 G2까지도 올려놓을 수도 있었으면 좋겠다.

집값,
삶의 질과 비례하나?

    미국의 심리학자 매슬로우는 그가 주장한 인간의 욕구 5단계설 중 맨 아래 단계 즉, 가장 시급한 욕구는 인간의 생존에 필요한 생리적 욕구라고 하였다. 좀 더 구체적으로는 의(衣), 식(食), 주(住)와 관련된 욕구들이다. 옷 입고, 먹고, 누워 자는 문제는 매슬로우가 첫 번째 가장 기본적인 욕구로 꼽은 것인데 무엇이 문제인가? 첫 번째 기본적 욕구라고 배열을 잘못한 것인지 아니면 첫 번째 기본적인 욕구가 맞는데도 아직 해결을 못 하고 있는 것인지? 만약, 후자라면 우리나라가 가장 기본적인 욕구마저 충족시키지 못하고 있는 나라가 아닌가! 우리나라는 UN기준으로 2018년에 세계 10위 경제대국이며, 2020년 IMF기준으로는 세계 9위 경제대국으로 예상된다고 하는데, 뭔가 앞뒤가 안 맞는 듯한 느낌이다.

"죌수록 뛰는 서울 집값… '15억 이상, 9억 미만' 다 올랐다"
"수도권 묶자 다시 서울로… 강남3구, 마용성 집값 반등". 정말로
주택가격은 무대책이 대책일까? 우리나라 주택보급률이 2018년
에 이미 104%나 되는데도 해결의 실마리가 보이지 않음은 빅데
이터의 시대가 도래하였음에도 풀 수 없는 고차방정식인 모양이
다. 그나마 경기북부지역은 다행(?)인지 모르지만 서울 수도권 중
에서 상대적으로 안정세를 유지하고 있는 것으로 보인다. 서민들
을 위해서 정말로 다행이고 매슬로우의 첫 번째 기본욕구를 가장
먼저 충족시킬 수도 있을 것임에 박수를 보내야 한다.

　그러나 이 사실이 백 번 옳고 그렇게 받아들여야 하지만 경기
북부에 오래 거주하는 모든 시민들에게도 긍정적으로만 받아들
여질까? 집값을 올리자는 얘기는 결코 아니며, 터전으로 삼고
사는 시민들의 자부심도 중요하다는 얘기이자 이를 분석하여 삶
의 질을 향상시켜 보자는 얘기이다. 노원 및 도봉과의 경계선이
없어진 의정부, 경기도 제2청사 및 제2교육청, GTX, 대형 종합
병원 2곳, 미군이 모두 떠나 공원으로 조성된 깨끗한 녹색도시,
잘 정리된 시민들의 운동 및 여가를 위한 중랑천 개발 등 활기찬
모습에도 불구하고, 아직도 미군부대 주둔지, 낙후된 동네, 수
도권에서 가장 저렴한 도시라는 인식이 외부인들에게는 고정관
념과 같이 박혀 있는 것이 아닌가 한다.

　그렇다면 무엇이 문제일까? 주택가격은 생활환경과 관련이 있

을까? 주택가격이 높다면 그만큼 삶의 질도 높다는 것일까? 우리 나라 주택가격의 형성은 대체로 일반 경제사회에 있어 부동산의 본질 및 그 가격의 수준에 영향을 주는 일반적 요인과 지역성에 의해 형성되는 지역요인 그리고 개별 주택들이 가지는 개별 요인 등으로 대별할 수 있으며, 좀 더 구체적으로 주택에 대한 가치가 형성되는 과정에는 이러한 가치에 대한 대가를 지불하기 위한 효용, 희소성, 유효수요, 이전성 등이 작용한다고 한다.

이 중, 주택가격 형성에 영향을 주는 일반적 요인과 지역요인들에 대해서 연구한 여러 결과들을 살펴보면, 하드웨어적 지역특성(서울 접근성, 대중교통, 대로확보율, 전철역, 거리 노후도/건축년도, 대기오염도/소음)과 소프트웨어적 지역특성(의료시설/병상 수, 통근/통학편리성, 공공시설, 지역주민특성) 그리고 자연경관(산, 강, 조경상태, 근린공원, 문화시설)으로 대별해 볼 수 있을 것 같다.

경기북부 시민들의 삶의 질을 증대시키기 위해 우리가 좀 더 관심을 가져야 할 부분은 무엇일까? 서울을 둘러싼 위성도시 중 의정부·양주 등이 상대적으로 보완해야 할 점은 앞에 나열한 항목 중 무엇일까? 개선의 여지가 있는 항목이 보인다면 그저 밋밋한 모범적 터치가 아닌 혁신적 재설계(Re-engineering)가 필요하다고 본다. 예산효율성이 극대화될 것이라고 확신한다.

남북통일이 오면 주목을 끌겠지만, 통일이 오기 전에 반석에 올려지면 그 뒤 시민들의 삶의 질은 강남 못지않을 것으로 기대한다.

주류의 교체,
기회가 되기를…![2]

　내리 4연승에 180석! 유례없던 코로나 사태에 말도 많던 21대 총선의 결과이다. 여당으로서는 솟구쳐 나오는 웃음을 애써 참느라고 고생(?)하고 있고, 야당으로서는 이러지도 저러지도 못하는 패닉상태에서 아직도 뭐가 뭔지 잘 모르는 듯한 안타까운 현실이다.

　어쨌든, 한국 정당사에 180:103이면 결과는 압승이라고 봐야 할 것이다. 정치 평론가들의 평론을 종합해 보면 그 이유를 크게 4기지로 요약해 볼 수 있을 것 같다. 코로나 사태에서 안정적 국

---

2. 박근혜 전 대통령 탄핵(2017년 3월) 이후, 2020년 4월 15일에 실시된 21대 총선에서 여당인 더불어민주당(더불어시민당 포함)이 압도적인 지지를 받으며 180석을 확보한 반면, 제1야당인 미래통합당(미래한국당 포함)은 103석을 얻는 데 그침. 지역구의 경우, 서울 49개 지역 중 민주당은 41곳에서 당선자를, 통합당은 8곳에서 당선자를 배출함으로써 1987년 대통령 직선제 도입 이후 처음으로 국회 전체의석(300석)의 5분의 3을 차지한 거대여당이 탄생함.

가운영이 제일 큰 요인이었고, 앞의 정부 탄핵사태 때부터 불거져 온 세대별 분리 및 결집현상과 선거 막판에 터진 막말 릴레이 그리고 빅데이터 활용 여부도 한몫했다고 본다. 중요한 것은 코로나사태를 제외한 이와 같은 요인들이 2022년 대선과 지방선거에까지 이어질 것인지 여부이다. 저 아래 왼쪽 지방은 파랗고 오른쪽 지방은 빨간 정당색깔론은 이번에도 그랬던 것처럼 소멸하기를 기대하기에는 난망이고, 보수에 대한 세대별 분리 및 결집 현상이 결정적 영향요인이 되지 않을까 생각된다.

직전 대통령의 탄핵에 대한 찬성 여부에 따라 갈라지기 시작한 보수는 2/3는 찬성입장이며 1/3은 반대하는 입장으로 이제 진보좌파의 강한 응집성에 비해 더 이상 상대적으로 무조건적인 원조보수는 아니다. 또한, 연령별로도 기존의 진보성향 386세대들이 50 나이에 들어섰기 때문에 해가 바뀔수록 진보성향 유권자 비율이 높아지는 반면 선거에 참여할 수 있는 보수성향 유권자비율이 낮아짐과 동시에, 한 번 굳어진 진보성향 유권자들이 60세가 넘어가도 쉽게 그 성향을 바꾸지 않는다는 점이다. 더구나, 의석 수나 자치단체장이 현격히 많고 인구밀도가 가장 높은 서울 수도권의 경우 장·노년층의 유권자 비율이 높은 지방과는 달리 60대 이상이 20%에도 못 미친다는 점은 현시점에서 각 정당에게 시사하는 바가 매우 크다고 보아야 할 것이다. 여당에게는 유리한 외적·생태적 환경이라고 볼 수 있지만 여기에 매몰돼 대통령을 지지하는 현재권력과 차기주자에 힘을 실으려는 미래권력 간에 충돌사태가 벌어져 이른바 '승자의 저주'에 빠질 수 있으며, 야당에게는 흩어진 보수의 규합과 함께 국민들의 높아진 의식수준을 인식하여 이전에 없었던 가장 뼈아픈 환골탈태를 생각해 보아야 할 것이다.

이는 의정부 지역에도 크게 다르지 않아서, 여당의원이 모두 당선되었다. 한쪽의 경우, 여당 표가 분산되어 여당 후보가 53%를 얻어 당선된 것이다. 이 영입후보는 그동안의 정치·사회적 커리어가 화려하지도 않고 그렇다고 지역적 기반이 두터운 것도 아닌데, 의정부시 18세~50세 인구가 47.3%이고 51세 이상 인구가 37.2%인 인구생태적 특성과 함께 여당 성향의 바람이 의정부에까지 불었던 것이다. 이와 같은 직·간접 결과에 따라 그동안 그야말로 '맹주'라 할 수 있는 6선의 현역 국회의장과 4선이면서 한때 여당 사무총장까지 지냈던 분들이 동반 퇴진하는 모습을 보이게 되었다.

위기일 수도 있고, 기회가 될 수도 있다. 그러나 위기 속에 기회를 만들어야 한다. 리엔지니어링이 아니라 리스트럭춰링(Re-structuring)이 필요하다. 국회의원과 시장은 위, 아래가 아니고 정쟁관계도 아닌 오로지 지역발전과 시민을 위해 상호보완 내지 협력해야 하는 정무직 공무원이다. 다르다면, 시장은 시정을 수행하는 집행기관이고, 국회의원은 입법기관이면서 지역 현안을 국가 차원에서 해결하는 역할을 해야 한다는 점이다. 견제가 없는 점이 다소 아쉬워 보이지만, 한 분은 어느 정도 정치사회적 경험이 있는 분이고, 다른 한 분은 지금까지의 삶의 과정이 순탄치만은 않았지만 안전을 책임지는 신선한 스마트맨일 것이라고 본다.

3선의 경험 시장과 경륜에 책임감 그리고 신선하면서도 안전제일의 두 분 국회의원이 협업과 조화를 이뤄 살기 좋은 경기북부 제1의 도시 의정부를 만들어주길 기대한다.

'노아의 방주'가
필요한가?

"지구에서 살 수 있는 날은 1000년뿐! 지구를 떠나지 않는다면 인류는 멸종할 것입니다". 세계적인 천재 물리학자 스티븐 호킹 박사가 영국 옥스퍼드 대학에서 한 말이라고 한다. 요지는 인간이 만든 재해, 핵전쟁, 바이러스 그리고 인공지능 등으로 지구가 부서지기 쉬운(?) 상태로 점점 다가간다는 내용이다.

중국에서 발병한 코비드19가 '팬데믹(pandemic, 세계적 대유행)'이라는 단어까지 동원하면서 거의 전 세계적으로 유행하고 있다. 2000년대 들어 이러한 전염병이 2002년에 사스, 메르스(2012), 신종플루(2009) 그리고 이번 코비드19까지 잊혀질 만하면 새로 태어나서 인간을 공포 속으로 몰아가고 있다.

이들 바이러스의 공통점은 뚜렷한 예방법과 확실한 치료법이 없다는 점이다. 인간 앞에 확실히 나타나기까지는 아무런 증상이 없다가 갑자기 발병하기 때문에 미리 치료약이나 백신을 만들 수 없으며, 보통 8~9개월 살다가 어떤 이유로 소멸되기 때문에 수개월 걸려 신약을 개발하면 그때는 이미 상황이 종료되기 때문이다. 따라서 이전에 왔다 간 사스나 메르스, 신종플루도 백신이나 치료제가 없었던 것이다.

코로나 바이러스는 구조가 왕관 모양의 돌기처럼 되어 있어 코로나라고 이름 붙여졌지만 이번에 새로 생긴 바이러스가 아니라 매우 오래전에 그 형태가 이루어져서 사람이 걸리는 감기의 15% 정도는 이 코로나 바이러스에 의한 병이라고 한다. 코로나 바이러스는 원래 종류가 달라서 인간을 숙주로 하는 것과 야생동물을 숙주로 하는 것이 별개로 분리되어 있는데, 조류독감이나 구제역 등과 같이 동물을 숙주로 하는 바이러스는 동물들에게만 전염되고, 기침 감기 등 인간을 숙주로 하는 것은 인간에게만 전염되는 것이 일반적 현상이었다. 그런데 문제는 바로 변종, 즉 그 바이러스가 규칙을 어겨서 동물을 숙주로 한 바이러스를 사람에게 전염시키면서 수년의 차이를 두고 계속해서 출몰하여 인간을 공포로 떨게 하고 있다는 점이다. 특히, 코로나19는 그 발병양상이 사스와 메르스보다 치사율은 낮지만 전염력은 훨씬 높은 것으로 분석됐다고 한다. 또한 일반 감염병과 달리 증상이 없을 때도 전파력이 있는 '무증상감염'이라는 독특한 특징을 가지고 있는데, 그러지 않기를 바라지만 만약 향후에도 또 다른 바이러스가 찾아온다면 어떤 또 다른 모습을 가지고 나타날지 참으로 인간에게는 공포 그 자체가 아닐까 싶다.

왜일까? 무엇이 이와 같이 무시무시한 변종된 바이러스를 만들어 냈을까? 인터넷 포털에서 그 원인을 찾아보니 박쥐에서부터 시작하여 야생동물 식용문제, 중국 중남부에 서식하는 우산뱀 등을 얘기하고 있으며, 박쥐에서 시작해 밍크를 거쳐 사람에게 전파됐을 가능성을 점치는 이들도 있었다. 그러나 중요한 것은 박쥐 등 중간숙주 문제가 아니라 이번 코비드19는 필연적 우연이 만든 치명적 바이러스라는 점이다. 즉, 박쥐 등 숙주가 가지고 있던 서로 다른 종류의 코로나 바이러스들이 우연히 섞이는 재조합이 일어나 변이를 일으켜 사람에게 전염됐다는 것이다. 코로나 바이러스는 변이적 유전자 재조합 능력이 탁월한데, 인간의 무차별적인 개발 등 자연법 위배 행위로 박쥐 등 중간숙주와 인간 간의 거리가 점점 더 가까워졌다는 점이다.

국제 지속가능성연구단체인 퓨처어스(Future Earth)가 52개국 222명의 과학자들을 대상으로 설문조사를 한 결과, 인류 생존에 닥친 5대 위험으로 기후변화, 기상이변, 생물다양성 감소, 식량 위기, 그리고 물 부족을 꼽았다고 한다. 지구의 허파라고 할 수 있는 아마존 열대우림에서 지난 1년 동안 서울 면적(605㎢)의 13배의 삼림이 사라졌으며, 세계보건오염연맹(GAHP) 보고서에 의하면 공기, 물 등 환경오염으로 인해 인도에서만 1년에 230만 명이 기대수명보다 일찍 사망하는 것으로 나타났고, 환경보호단체인 그린피스의 독성-공기, 화석연료의 대가 보고서에서는 2018년을 기준으로 대기오염에 따른 조기사망이 세계에서 연간

450만 명에 달하는 것으로 추산했다고 한다.

　서울역에서 부산역까지의 거리인 400km 상공, 국제우주정거장(ISS)에서 바라본 지구는 참으로 아름답다고 한다. 그 지구가 지금 온난화로 뜨거워지고 있고, 남극과 북극의 빙하가 녹아내리고 있는 등 심하게 상처를 입어서 몸살을 앓고 있었는데, 이제는 몸살을 넘어 심한 통증으로 이어지고 있는 상황인 것이다.

　'노아의 방주'를 만들어야 하나? 아니면, 4차 산업혁명시대에 맞춰 고도로 학습된 AI에게 그 답을 구해야 하나? 노아의 방주를 만든다면 그 안에 탄 인류는 무사할까? 호킹 박사의 말대로 지구를 떠나야 할지, 이제라도 자연의 섭리가 선순환할 수 있도록 글로벌 환경문제에 인류가 공동으로 대처해야 할지를 심각하게 고민해야 할 때가 아닌가 한다.

4.15 총선과
여론조사

　얼마 전, 새로 시작하는 2020년 신년사에서 대통령은 "공정이 바탕에 있어야, 혁신도 있고 포용도 있고, 우리 경제사회가 숨 쉴 수 있다"고 말하면서 '공정'을 12번이나 언급했다. 공정의 가치가 혁신과 포용의 전제조건이라는 설명이다. 그리고 바로 며칠 전에 제1야당은 우리의 제1국영방송사이자 시청료를 수납받는 KBS와 유수의 여론조사 업체인 한국리서치를 공직선거법 위반혐의로 고발하기로 했다는 보도가 나왔다. 즉, 설문서 내용에 '발목만 잡는 보수야당'이라는 표현으로 편향 설문응답을 유도함으로써 여론조사 결과를 왜곡되도록 했다는 것이다. 마치, 어린 자녀에게 "엄마와 아빠 중 누가 좋으니?"라고 물을 때, "엄마가 좋아 아니면 매일 늦게 들어오면서 주말에도 잠만 자면서 놀아주지도 않는 아빠가 좋아?"라고 묻는 것과 같은 것이다.

　이와 같은 여론조사 조작, 발표는 어제 오늘만의 문제가 아니라 이전에도 마찬가지여서 2014년 세월호 침몰사고 보도에 있어서도 국민 10명 중 6명이 정부에 편향적이라고 답하기도 했다. 또한, 여론조사 결과의 정확성 측면에서 보면, 16대 총선에서 그 당시 여당이었던 민주당이 야당인 한나라당보다 15석가량 더 차지할 것으로 예측했던 여론조사 결과가 개표 후에는 오히려 야당이 16석을 더 차지하여 출구조사는 엉터리라는 오명을 뒤집어쓰는 등 15대 총선부터 18대 총선까지 의석수를 맞게 예측한 적은 한 번도 없었다. 다만, 총선과는 달리 대통령 선거나 지자체 선거는 그런대로 좋은 성과를 거둔 바 있다.

여론조사란 특정 사회문제나 쟁점 등에 대해서 사회 구성원들이 어떠한 태도와 생각을 가지고 있는가를 조사하여 정치적, 사회적, 경제적으로 다양하게 활용하는 것으로, 그 시초는 1935년 미국의 통계학자인 갤럽(G. Gallup)이 미국의 당면문제였던 정치적, 사회적 문제들에 관하여 전국적인 의견조사를 실시한 이후 가속화되었다고 한다.

그런데 여러 여론조사 목적 중 선거 관련 여론조사는 특히 '바람잡이 효과(bandwagon effect)'가 있어서 특정 정당 또는 후보자에게 유리한 여론을 만들 수 있다는 점과 사설 조사기관들이 편파적이거나 왜곡된 조사결과를 매스컴에 누설할 수도 있다는 즉, 지역이나 국가의 리더를 잘못 선택할 수 있는 결코 가볍지 않은 우려가 현실적이다. 따라서, 정확하고도 신빙성 있는 선거 여론조사를 위해서는 조사 실시 기관의 객관성과 질문 어구의 공정성, 표본 규모와 추출의 타당성 그리고 조사 결과 해석의 비편파성 등이 반드시 필요한 것이다.

한국리서치는 선거관리위원회에 등록된 80여 여론조사 업체 중 10위 이내에 들어가는 명성 있는 업체라고 생각한다. 업체가 많아 경쟁이 심하다 보니 조사 의뢰 기관이 다소 한쪽으로 치우치는 유도설문을 요구해도 쉽게 뿌리치기 어려울 수도 있을 것이다. 여론조사는 단지 합리적인 의사결정의 참고자료일 뿐이지만 유권자의 판단을 돕고 정확한 여론형성에 기여하여 국가 또는 지자체의 정책 입안 내지 결정자들을 선택하는 차원에서 볼 때는 보이지 않는 제3의 실력자가 될 수도 있는 것이다.

이제 3개월 남짓이면 제21대 총선이 실시된다. 선거가 임박할수록 자의든 타의든 여론조작과 편파보도 등의 행태가 가속화될지 모른다. 여론조작 또는 편파보도 등에 의한 국민들의 불공정한 선택이 대개는 선거가 끝난 이후에나 그 범죄적 행태가 드러난다는 점에서 불공정한 여론조사는 심각한 범죄행위에 속한다고 본다. 또한, 여론의 팩트를 전달해야 할 언론기관이 여론조사를 가장한 여론조작으로 특정 정파에 유리하도록 한다면 그것은 그야말로 언론기관이 아니라 그 정파의 공작기관일 뿐이다. 대통령의 신년사에서 12번이나 언급된 '공정'이 이번 총선에서 굳건히 지켜져 혁신과 포용 그리고 우리 경제사회가 원활하게 숨을 쉴 수 있기를 바란다.

한국경제,
더 이상 '탄광 속의 카나리아'가 아니어야!

사람이 기르는 애완용 새로 노랫소리가 곱고 아름다운 것 중 하나가 아프리카 서쪽 카나리아섬의 특산종인 카나리아라고 한다. 그런데, 이 새가 자랄 수 있는 환경은 무엇보다 공기가 깨끗해야 해서 19세기 유럽에서는 이 새를 탄광의 갱내에 걸어놓고 유독가스에 대비했다고 하는데, 그래서 유래된 말이 '탄광 속의 카나리아처럼'이라고 한다.

그런데, 요즈음 우리 경제를 카나리아에 비유하는 말들이 속속 보인다. 글로벌 금융회사 모건스탠리의 수석 이코노미스트인 스티븐 로치가 한국을 세계 경제의 '탄광 속의 카나리아'라고 지적한 바 있으며, 서구 매체들 역시 무역 의존도가 높은 한국 경제를 '글로벌 경제의 카나리아'라고 했다 한다. 거기다가 중국마저도 한국의 카나리아가 울음마저 끊길지 모르는 위험한 상황이라고 적시했다 한다. 2009년에 그리스의 국민소득은 우리보다 많은 3만 달러 선이었으나 국가부채가 높아지고, 인근 독일보다 퇴직은 일찍 하면서 연금은 두 배 가까이 주는 포퓰리즘식 복지지출 그리고 25%대의 지하경제와 통계조작 등이 결국 국가 부도를 가져왔다고 한다. 지난해 10월 IMF와 구제금융에 합의했던 남미의 대국 아르헨티나에서는 출근하지 않고 월말에 봉급만 받아 가는 공무원을 '뇨키'라고 부르는데, 이들이 무려 21만여 명이나 된다고 한다. 그런데 이들 공무원은 2천년대 초에 비해 약 70% 증가되어 전체 근로자 중 18.8%가 공무원으로 2백억 달러의 세금이 이들의 급여로 투입된다고 한다. 또한, 2010년에는 디지털 격차를 줄이겠다며 학생들에게 500만 대의 휴대용 컴퓨터를 무상 지급하는가 하면, 연금 지급 대상자도 대폭 늘려 2005년에 360만 명이던 연금 수급자가 2015년 800만 명으로 증가된 결과였다고 한다.

문제는 우리나라의 상황이다. 안팎으로 좀처럼 빛이 들어오는 출구가 보이지 않는다는 점이다. 우리 경제의 성장엔진인 수출이 11개월째 뒷걸음을 치고 있으며, 한국의 제조업 경쟁력이 OECD의 평균에도 못 미쳐 올해 3분기 실적을 발표한 주요 기업 10곳 중 3곳 정도가 시장 전망보다 10% 이상 미달하는 어닝쇼크를 냈다고 한다. 뿐만 아니라, 국가의 채무가 전체 경제규모와 대비하여 어느 정도인지 즉, 나라살림의 건전성을 나타내 주는 재정건전성 지표 역시 특별한 외적 경제위기가 없었는데도 올해에 국제적 건전재정의 기준점으로 간주되는 3%를 넘어 3.9%를 돌파했다고 한다.

나라살림의 큰 재원은 세금이다. 세금은 한정적 자원이므로 정말 적재적소에 배치해야 한다. 반드시 지출이 필요한데 세금이 부족하면 국민에게 빚을 얻어야 한다. 그리고 이 세금은 어느 세대에나 수입과 지출이 공평한 이른바 세대적 공평성도 지켜져야 한다. 복잡한 글로벌 경제환경 사회에 후손들에게 큰 부담을 물려주어서는 안될 것이다. 이 정부 들어 추진되고 있는 소주성 정책 등 각종 경제정책들이 성공하기를 바라지만 그 결과가 좋은지 나쁜지를 시험해서는 안 될 것이며, 이제는 더더욱 정치적으로 이용되어서도 안 될 것이다. 전술한 두 나라의 전철을 밟지 않아야 하는데, 걱정스럽다. 내년도 예산은 역대 최고금액인 513조 원인데, 이것이 모자라 국채를 60조 원 발행 예정이라 한다. 특히, 복지부 관할 예산은 그동안 단일부서로는 최고였던 교육부 예산(72조 원)을 뛰어넘어 82조 원을 넘는다고 한다. 복지 과속까지는 아니더라도 국가의 뼈대를 키우는 소재 국산화투자나 5G혁신성장 예산 12조 원에 비해서는 좀 과할 수 있다. 건보 지출 중 65세 이상 노년층에게 쓰인 돈이 지난해 40%를 넘어섰으며 건강보험 보장 범위를 계속 넓혀 갈 경우, 지금의 청년 세대는 월급의 3분의 1을 건강보험료로 내야 할지 모른다. 노인에게 제공하는 기초연금을 월 40만 원까지 올리면 매년 20조 원 이상이 필요하고, 불과 5년 뒤면 노인 인구가 1000만 명을 돌파하여 엄청난 예산이 필요시되는데, 이 모든 뒷감당은 청년 세대 몫이다. 청년 한 사람이 노인 몇 사람을 부양해야 할지 모를 초 저출산·고령화 국가에서 우리 후손들은 우리의 지금 이 세대를 자랑스러워만 할까?

혹여, 잘못이 있다면 이를 빨리 인정해야 고칠 기회라도 올 것이다. 그렇지 않으면 '잃어버린 10년' 후보를 찾으려고 전 세계를 샅샅이 뒤지고 있는 노벨 경제학자들의 덫에 걸릴 수 있다. 더 이상, 세계경제 흐름 속에서 카나리아가 되지 않기를 우리 국민과 우리 후손들은 바란다.

부모보다 못사는
첫 세대

글로벌 컨설팅회사인 딜로이트 컨설팅의 밀레니얼 서베이보고서에 의하면 우리나라 젊은이들의 '경제적 기대지수'는 −16으로 조사대상 30개국 평균인 26에 한참 못 미치는 것으로 나와 있다. 이 지수가 0이면 부모세대와 경제적 형편이 비슷하고 플러스이면 더 잘살 것이라는 낙관을, 마이너스이면 더 못살 것이라는 비관적 전망을 의미한다고 한다. 곧 이 젊은이들이 우리나라를 짊어지고 가야 하며 이들은 곧 우리의 다음 세대들을 의미한다. 즉 '부모세대보다 못사는 첫 세대'들이라는 것이다. 이와 같은 유사한 문구들이 우리 사회에 등장한 것은 오늘의 일이 아니라 이미 수년 전부터이다. 지금까지는 다음 세대가 이전 세대보다 잘사는 구조가 당연시돼 왔지만 앞으로는 다음 세대들이 이전 세대보다 더 불행해질 수 있다는 것이다.

통계청의 가계동향에 따르면 39세 이하의 가구당 월평균 소득은 2015년을 기점으로 가계동향 조사가 시작된 이후 그 증가세가 멈추고 처음으로 전년 대비 0.6% 감소세로 돌아섰다고 한다. 따라서 이들은 평생 받을 소득이 부모세대보다 적어서 부모세대보다 경제적 여유가 없는 첫 세대가 될 가능성이 크다는 안타까운 현실이다. 좀 더 구체적으로 5살 단위로 잘라 비교해보면 1958년생부터 계속하여 꾸준히 증가하던 생애 평균 실질임금이 외환위기 직후 주로 취업했던 1978년생부터 조금씩 감소해가는 추세라고 한다.

그럼에도 불구하고 위정자들은 이러한 문제들에 대해 관심을 가질 여력이 없어 보인다. 단기적인 현실정치에 옥신각신할 뿐 장기적인 시야에는 눈을 두지 않으려고 하는 모습이다. 최저임금을 많이 올려 부족분 3조 원을 세금으로 메꾸고, 무슨 일 벌이다가 터지면 세금으로 메꾸는 등등 지난 2년 동안 투입된 일자리 예산이 50조를 넘는다.

내년도 예산은 역대 최대인 513조 원이라고 한다. 전 정부 8년간 늘린 예산이 130조 원인데 현 정부는 3년 만에 이 정도로 올릴 기세다. 소득주도 성장의 모든 것을 세금으로 해결해야 하기 때문이다. 항간에는 우리나라가 드디어 명실상부한 '복지국가'가 됐다는 말이 나돈다. 내년도 복지부 관할 예산이 82조 원으로 그동안 1위 자리를 꾸준히 지켜왔던 교육부 예산을 능가했기 때문이다. 세원이 충분하여 많이 거둘 수 있다면 그리 문제가 되지 않겠지만, 작금의 국내외 경제여건은 그리 좋아 보이지 않는다. 우리의 경제성장이 고원에 달해 성장통을 앓고 있으며 트럼프의 자국이익 우선주의 정책에 따른 경제압박 그리고 턱밑까지 추격해 오는 중국의 산업굴기 정책과 대립각을 높이 치켜든 대일관계 등등이 녹록하지만은 않은 것이 현실이다.

따라서 그동안 이어지던 세금풍년도 더 이상 기대하기 어려울 것이다. 더욱이 지출할 살림규모는 늘려놓고 세금으로 그 재원을 마련하지 못하면 국채를 발행해야 하는데, 내년에 그 규모를 60조 원으로 예상하고 있다고 한다. 이대로면 현재 740조 원인 국가채무가 2023년에는 1000조 원을 넘게 된다. 미래 우리의 자식들이 어떻든 부모보다 소득이 적은 첫 세대들에게 이 부담을 떠넘기는 것이다.

걱정이다. 극과 극을 달리는 위정자들이 현명한 이성을 찾아 우리의 다음 세대들에게 빚이 아닌 부와 희망을, 부모세대보다 못사는 세대가 아닌 더 잘사는 세대가 될 수 있도록 머리를 짜내주길 기대한다.

일본 경제보복,
역전의 계기로![3]

　며칠 전 북한은 메아리라는 매체를 통해 일본의 대남 수출규제 조치에 대해, '섬나라를 통째로 팔아 갚아도 모자랄 판'이라며 비난하고 나섰다. 일본에 대한 공동대응인가 아니면 아군과 적군이 바뀌는(?) 한반도 새 역사의 큰 여정의 시작인지! 정말로 가깝고도 먼 나라가 일본인가 보다.

　일본은 지난 7.4일 보복이 아니라 수출구조 재정비에 따른 조정이라며, 불화수소 등 이른바 우리의 첨단 반도체산업의 필수 품목들에 대한 규제를 시작하였고 8월에는 화이트 국가(27개국) 범주에서도 제외한다는 예고를 하였다. 전 정부에서도 소원했던

---

3. 우리나라 대법원이 2018년 10월 30일, 일제 강제 징용 피해자 4명이 일본 신일본제철(미쓰비시 중공업)을 상대로 낸 손해배상 청구 소송에서 '피해자들에게 각각 1억 원을 배상하라'는 원심 판결을 확정하자, 일본은 이에 대한 보복조치로 반도체와 디스플레이 제조에 사용되는 핵심 소재 3가지(불화수소, 레지스트, 불화폴리이미드)에 대해 수출규제 조치를 내리면서 한국을 화이트 국가에서 삭제함.

대일관계가 현 정부 들어 좋아지기는커녕 악화일로에 있다가 기습을 당한 것처럼 보이면서도 그 해결의 실마리는 안개 속일 뿐 보이지 않는다. 강 대 강으로 맞대응할 수도 없고, 보복이 아니라 침략인 것을 그냥 받아들일 수도 없기 때문일 것이다.

이와 같은 한일 갈등의 단초는 제2차 세계대전 종전에서부터 비롯된다. 1952년 48개 국가가 서명하여 발효된 샌프란시스코 강화조약에서 배상청구권은 일본에 점령됐거나 손해를 입은 승전국으로 하였지만 우리는 승전국도 아니고 피점령국 지위도 얻지 못한 것이다. 필리핀, 미얀마 등은 일본으로부터 수억 달러씩 '전쟁배상'을 받아 정리되었지만 식민지 배상은 없었기 때문이다. 즉, 우리는 국가배상이 아닌 민사적 채권을 변제받는 재산청구권이었고, 징용문제도 강제노역에 대한 피해배상이 아니라 미지급 임금을 청산하는 수준이었던 것이다.

밀고 당기는 긴 줄다리기 끝에, 안보적 경제적 이유로 국교정상화가 시급했던 양국 정부는 1965년 동경에서 협정에 합의하였는바, 서명된 한일 양국 간 협정의 공식이름은 '재산 및 청구권에 관한 문제의 해결과 경제협력'이다. 즉, 3억 달러 무상제공과 2억 달러 차관제공이 핵심으로, 청구권 문제에 대해 '완전히 그리고 최종적으로 해결된 것'이라는 문구가 들어 있으나 전자와 후자의 관련성 표현이 없고, 또한, 일본은 이에 대해 전쟁배상이 아니라 '청구권'이라는 표현을 쓰면서 최종적으로 해결됐다는 입장인 반면에 우리는 식민지배 피해에 대한 청구권이 아닌

'배상'을 요구해오고 있는 것으로, 이 한일협정 내용의 의도적 모호성에서 문제가 지금까지 이어오고 있는 셈이다.

아무튼, 우리는 이번 일본의 조치를 엄중하게 받아들여야 한다. 명분은 강제징용 판결에 대한 보복 차원이라지만 아베의 즉흥적인 행위는 결코 아니라고 본다. 약 40여 년 전 일본의 이른바 소니(Sony) 시절 일본이 세계 메모리 반도체 산업을 장악하면서 물밀듯이 미국으로 몰려오자, 반덤핑과 특허침해로 공격을 가하면서 달러 대비 엔화가치를 2배 절상했던 이른바 플라자합의에 의해 '일본 땅을 팔면 미국 땅을 4번 살 수 있다'는 낭설은 커녕 '잃어버린 20년'을 뼈저리게 경험한 일본이다. 더구나 작금에 이르러 미국이 자유무역을 외치면서도, 중국에 대한 무역장벽 운운하며 중국에 대한 제2의 플라자합의를 만들어 그 성장세를 꺾으려 하는 무역기조에 편승하여 턱밑까지 따라온 한국의 성장을 억누르려는 일본의 민족주의가 아닌가 싶다.

분명히 위기는 호기가 될 수도 있다. 일본이 먼저 꺼낸 카드를 잘 뒤집어 보면 그들이 경험했던 잃어버린 20년을 우리는 반면교사로 삼을 수도 있을 것이다. 한일 간 분쟁은 분명히 양국에 모두 손실을 입히겠지만 어부지리로 중국과 미국 등 주변국가에는 호기가 될 수도 있으며, 이는 자국의 이익을 최우선으로 하는 요즘의 국제정치 세태상 한일 양국이 어느 정도 상처를 입기까지는 미국이나 중국도 적극적으로 나서지 않을 수 있다.

짧으면서도 길게 봐야 한다. 강하게 대응하되 세밀하게 준비해야 한다. 아직 일본에는 부족하지만 옛날처럼 일방적이지는 않다. 무역수지 추이나 국가신용도 등을 봐도 소니와 삼성을 비교해도 옛날과는 다르다. 여기서 굴복하면 '잃어버린 20년'을 우리가 떠안을지도 모른다. 대등하게 흘러가다가 양국의 피해가 커지거나 주변국들의 중재로 해결된다면 오히려 일본이 패자가 되는 셈이고, 우리는 미래를 향한 자신감을 갖게 될 것이며, 일본을 추월할 수 있는 전환점이 될 수도 있다고 본다. 미국은 어느 특정국가(예: 한국)가 반도체 산업을 독점하는 것을 원하지 않아 문제해결 중재에 소극적일 수도 있겠지만 자칫 이에 대한 주도권이 중국으로 넘어갈 수도 있고, 또한 한미일 3국 간 안보협력체제에 구멍이 생길 수도 있기에 일본에 퇴로를 만들어 주면 의외로 길지 않은 장래에 해결될 가능성도 있을 것이다.

또한 길게 봐야 한다. 자본주의 국가는 하나의 거대한 기업일 수도 있다. 경제를 생각해야 하는 기업은 단순하지 않으며, 국가는 경제 외에도 정치와 국민들 그 외 매우 많은 관련 요소들을 고려해야 하기 때문이다. 이 기회에 일본은 물론이고 중국과 미국 등에 대해서 우리의 강점과 약점들을 세밀하게 정리하여 차분하게 준비해야 한다. 이것이 '잃어버린 20년'을 피할 수 있는 최소한의 대책이라고 본다. 결론적으로, 이번 사태는 분명히 우

94

리에게 위기이지만 이를 잘 극복하면서 세밀하게 대응한다면 한 단계 도약할 수 있는 절호의 기회가 될 수 있고, 또한 그렇게 될 수 있도록 지도자는 물론 모든 국민들이 힘을 합쳐서 슬기롭게 대처해야 한다고 본다.

세금 운용,
이대로 좋은가?

재벌가 회장들의 자택 공시가격이 지난해에 비해 40~50% 정도 상승한 가격으로 확정 발표되었다. 전국 단독주택 중에서 가장 비싼 A회장 자택의 공시가격은 작년보다 52.4% 상승한 398억 원으로, 이에 대한 재산세와 종부세 등 보유세도 전년 대비 반 정도 인상된 6억 4천여만 원이 될 것이라는 보도이다. 다른 재벌가 회장들의 자택들 역시 대부분 40%대 이상 상승한 가격으로 발표되었다. 전국 주택들의 공시가격 평균은 지난해(5.02%)보다 약간 상승한 5.24%였지만, 서울의 경우에는 12년 만에 최고로 상승하여 14.02% 올랐다.

공시지가의 시세 반영율은 90년대 초반에 50%에서 출발하였으나 현 정부 들어 개별 주택보다는 공동주택 가격의 가파른 상승으로 그 반영율은 오히려 하락했다. 주택에 대한 공시가격 역시 동일한 현상으로 더 떨어지게 됨과 동시에 세수의 필요성 점증이 맞물려 노무현 정부에 이어 최대로 상승하는 결과를 가져왔다.

공시지가 및 공시가격의 상승에 따라 9억 초과 공동주택 수도 작년 13만여 가구에서 20여 가구로 무려 50% 이상이나 늘어나 보유세 역시 상당한 폭으로 증가할 것이 예견된다. 지난해에는 반도체 등의 호황 및 수년 전 개정된 법인세율 인상(3000억 초과분 25%)에 따라 법인세수가 부가가치세 수입을 앞질렀고, 또한 양도소득세의 호조로 세금이 전년보다 32조 원 정도가 증가되어 조세부담률 증가폭 역시 2000년(1.6%) 이후 가장 큰 1.2% 증가를 가져왔다.

조세부담률은 국내총생산(GDP) 대비 조세수입의 비율을 의미하는 것으로 한 국가가 세금을 얼마나 많이 거둬들이고 있는지를 보여주는 수치이다. OECD의 조세부담률 평균은 25% 정도이며, 덴마크(45.9%, 2017년) 등 이른바 복지국가로 알려진 북유럽이 높고, 미국은 20.0%(2015년), 일본은 18.6%(2015년)로 우리나라보다 약간 높은 비율을 보이고 있다. 현재, 우리나라의 조세부담률은 OECD 33개국 중 7번째 정도로 비교적 낮은 편으로 우리보다 낮은 나라는 리투아니아, 터키 등 개발도상국밖에 없다.

그렇다면, 북유럽 복지국가들처럼 조세부담률을 마냥 높이면 좋은 것이며 그게 가능할까? 덴마크는 한반도 면적의 1/5 정도이며 인구는 서울의 절반 정도인 470만여 명으로 정책형성이나 통제가 용이한 편이다. 조세부담률 증가 즉, 세금을 많이 거두어서 많이 지출하면 북유럽처럼 빈부의 격차를 줄이는 데는 유용할 수 있지만, 그리스나 베네수엘라처럼 그 나라의 생산성을 높이거나 GDP를 증가시키는 데에는 걸림돌이 될 수 있다. 조세부담률을 증가시키면 세금은 주로 고소득층이 부담하므로 저소득층에 대한 이전효과로 저소득층의 빈곤탈출 및 복지혜택이 증가되겠지만, 이윤극대화를 추구한다는 일반적 기업성격에 있어서는 기업의욕 상실 및 투자재원 감소를 가져오고 저소득층에 있어서도 근로의욕 필요성(?) 저하로 국가 전체적인 생산성 측면에서는 부정적 결과를 가져올 수 있는 것이다. 물론, 조세부담률을 낮추는 것도 장단점이 있겠지만 선진국으로 발전하는 방향에 있어서는 낮추는 것보다 증가시키는 것이 바람직할 것이다. 더구나, 우리 사회는 이미 수년 전 고령화 사회에 진입하여 복지수요 점증이 예상되며 또한 4차 산업혁명에 부응하고 그에 따른 일자리와 성장잠재력 확충을 위해 국가의 적극적인 재정기능이 필요시됨에 따라 조세부담이 증가하는 현상은 어쩔 수 없어 보인다. 그러나 세금부담이 갑자기 커지면 기업이나 개인의 경제활동에 제약요인이 될 수 있을 뿐 아니라 조세저항에 부딪힐 수 있음에 유의해야 한다.

작년에는 32조 원 세수증가로 1.6%라는 조세부담률 증가를 가져왔지만, 올해에는 쉽지 않을 전망이다. 반도체 가격이 반

토막으로 떨어진 데다 수출부진이 계속되고 있다. 어쩌면, 마이너스 예산이 될 수도 있음을 우려해야 할지도 모른다. 그렇다고, 급격하거나 합리적이지 못한 공시지가나 공기가격 인상 등 무리한 세수확대 정책도 세밀한 점검이 필요하다. 모 연구원이 발표한 우리나라의 조세재정정책에 따른 빈곤탈출 및 소득개선 효과는 OECD 평균(64.1%)에 비하여 미미한 것(19.5%)으로 나타났다.

가진 자에겐 마냥 더 걷어도 된다는 증세 생각이나 정부가 아동수당 주고 지자체는 또 아기수당 주는 식의 세금운용은 세금부담증가에 따른 소득개선효과에 전혀 도움이 되지 않는다는 삼척동자도 아는 사실에 깊은 관심이 필요하다고 본다.

일본이라는 나라

　며칠 전, 우리는 3.1운동 100주년을 맞아 광화문 광장에서 성대한 기념식을 치렀다. 정확하게는 기미년 3.1독립선언서를 낭독한 날을 기념하는 행사이다. 3.1운동이 해방에 직접적으로 영향을 준 건 아니지만 최소한 한일합방 이후 사그라들던 독립·자주의 혼에 힘을 불어넣어 민족자결주의를 출현하게 하는 기폭제는 되었다고 본다.

　우리 민족에게 '일본'이라 하면 우선 떠오르는 게 무엇일까? 제2차 세계대전에서 패하고도 트랜지스터와 소니 그리고 6.25 동란 덕에 경제를 부흥시켜 일찌감치 선진국 대열에 올라선 나라! 우리에게 미움과 증오 그러면서도 지정학적 자리매김 때문에 애증으로 얽혀 있어 끊을래야 끊을 수 없는 필연적 관계에 놓여 있는 나라가 바로 일본이다.

세계 3위 경제대국으로 부강한 국력과 예의 바른 민족, 검소하고 합리적인 문화를 가진 아시아의 리더이면서 국제사회에 공헌할 수 있는 나라로 전 세계에 각인된 일본이지만, 2011년 3월에는 규모 9.0의 강진으로 쓰나미가 발생하여 24,500여 명의 사망자와 실종자가 발생하였고, 이튿날 후쿠시마 원전폭발 사고까지 겹치면서 그야말로 끔찍한 대참사를 겪은 불행한 나라이기도 하다.

일본은 입헌군주제로 인구는 우리보다 3배 정도 많고, 면적은 4배 정도 넓으며, 태평양과 마주하는 섬나라이다. 조선보다 남서방향으로 길게 펼쳐진 지리적 여건으로 인해 좋든 싫든 서구 세력과의 접촉이 훨씬 빨랐을 수밖에 없으며, 따라서 서구 문물에 대한 관심도 다른 어떤 아시아 국가들보다 빠르고 정확하게 접할 수 있었고, 메이지유신을 일찌감치 단행할 수 있었던 것도 그 영향이 매우 컸다고 한다. 게다가 개방시기인 1860년대는 무진전쟁 등 일본의 분열이 극에 달해서 서구 열강이 개입하여 분열을 조장했다면 일본의 근대화는 까마득했을 것인데, 하필(?)이면 미국, 영국 등 주요 서구 열강들이 모두 남북전쟁이나 아편전쟁 등 자국의 정세변화 때문에 제대로 침략의 손아귀를 뻗칠 수 없는 상황에 빠져 일본에게는 선진국으로 도약할 수 있는 천금의 시기가 되었다고 한다. 어쩌면, 이러한 지정학적 특성상 서양으로부터의 잦은 침략을 피하기 위해서 병기 및 전쟁에 대한 지식을 받아들이면서 '공격이 최선의 방어'라는 관념이 아시아

각국을 괴롭혔는지도 모른다.

아무튼, 우리가 일본사회를 생각할 때 우선 떠올리는 이미지는 대체로 비슷하다. 정직하고 예의 바르며 근면한 민족이라는 긍정적인 측면이 있는가 하면, 이중적이고 배타적이며 자기중심적인 집단주의 문화를 갖고 있다는 부정적인 측면이 상존한다. 문화적인 측면에서 배울 점이 많은 나라이지만 때로는 뭔가 멸시의 나라로 인식되기도 한다. 또한, 세계인의 시각에서 일본의 민족성을 얘기할 때 흔히 루스 베네딕트(Ruth Benedict)의 『국화와 칼』을 든다. 일본인 특유의 모순적 성격, 즉 공격적인 동시에 수동적이고, 호전적인 동시에 심미적이며, 또한 남이 자기를 어떻게 생각할까에 신경과민이 돼 있으면서 타인의 눈이 미치지 않으면 쉽게 범죄의 유혹에 빠져든다는 인식이다. 또한, 일본인들은 우리의 유교문화와 달리 죄의식이나 악에 대한 의식이 결여된 대신 수치심을 못 참는 좀 의아한 문화체계를 가지고 있다 한다. 위안부 문제나 독도문제 등 한일의 현안과제들이 쉽게 해결될 수 없음을 짐작하게 하는 대목이기도 하다.

17세기 무렵부터, 임진왜란을 일으켜 우리 선조들의 융성기를 밟아버린 일본. 그것도 모자라 을사조약으로 경술국치를 강요한 일본! 그러나 일본열도가 40년 안에 침몰하게 되어 1억 2천만 인구가 최후를 맞을 거라는 '일본침몰' 영화! 영화로 끝나면 다행(?)이겠지만 동경대 다찌바나 교수나 미국의 예언가인 에

드가 케이시는 실제로 일본침몰을 예언하고 나섰고, 존 티토는 머지 않은 미래에 일본이 한국의 식민지가 될 거라는 예언을 한 바 있기도 하다.

그러나 장기적으로 볼 때 한국과 일본의 2000년 역사가 소통과 대결의 역사이긴 하지만 일본을 무조건 배척하는 것도 좋지는 않다고 본다. 수년 전 발생한 일본의 9.0강진에 따른 쓰나미가 하와이는 물론 남미의 칠레까지 진행되었으나 우리에게는 일본이 방패막이가 되어주었고, 매년 찾아오는 태풍도 일본이 충실히 지켜주고 있다. 또한, 한중일 경제공동체가 합쳐지면 EU와 미국을 능가하는 세계 최대 경제공동체를 만들 수도 있으며, 무엇보다 운명적 이웃이므로 일대일이 아닌 글로벌 환경차원에서는 일본의 진정한 반성과 함께 상호협력하는 관계가 양국 모두에게 필요하다고 본다.

1946년에 좌우가 각각 별도로 진행했던 3.1절 기념식을 통일한국이 함께 치를 때 선조들의 3.1운동도 비로소 그 대단원의 막을 내릴 수 있다고 할 것이다.

G2 사이,
선택의 기로에서

　해방 직후, 민중 사이에 유행한 민요 중 "미국 놈 믿지 말고 소련 놈에 속지 마라. 일본 놈 일어나고 되놈(중국) 되(다시)나온다"라는 민요가 있었다고 한다. 역사는 정말 돌고 도는지 아니면 똑같은 상황이 지금까지 이어져 오는 건지 모르지만 75년여 전의 민요가사 내용이 작금의 상황과 크게 다르지 않다는 점이다. 영화 '국가부도의 날'에서처럼 당시 외환위기 때 한국의 자금줄을 묶어 미국계 자금인 IMF를 받아들이게 만든 미국 음모설이나 한반도에 전략자산을 전개하는 것이 미친 짓이라며 동맹에게 비합리적 계산법을 들이대는 한편, 북한의 비핵화 문제를 자신의 선거 및 미국이익에만 초점을 맞추려는 현재의 미국 대통령 트럼프는 이제 더 이상 믿지 못할 미국이 아닌가를 의심스럽게 만들고 있다. 또한 중국이 연평균 9%대의 경제성장률을 구가하면서 세계 최초로 달 뒷면에 탐사선을 착륙시키는 등 우주굴기를 비롯하여 반도체굴기, 군사굴기 등을 만들며 동남아와 중동 그리고 아프리카 등을 대상으로 기반 인프라와 투자확대를 통해 이른바 '일대일로' 전략으로 미국과 맞서고 있다.

그나마 소련은 해체되면서 냉전시대만큼 위협적이진 않지만 러시아 등이 한반도와 관련하여 고정지분(?)을 가지고 있고, 60년대 후반 외신들이 한국에 대하여 "쓰레기통에서 장미는 피어나지 못한다"고 했을 때 우리 스스로 잘살아보자를 외치며 피땀 흘려 이룩한 '한강의 기적'에 대해 일본은 그들이 1965년 한일협정 때 지급한 5억 달러의 차관이 결정적 기여를 했다는 궤변을 하면서 가깝지만 먼 이웃이 돼있는 상황이다. 더구나 전 정권 때도 수년간 정상회담을 못 할 정도로 소원했음에도 불구하고, 현재도 역사문제, 위안부 마찰, 징용배상판결 등 과거사 문제로 한 발짝 앞으로 못 나가고 있는 상황이다. 어쩌면, 우리가 한일 병합 이후 세계 10위권 경제대국으로 성장하면서 일본에 대하여 할 말은 하는 우리의 국력에 한편으로는 당황해하는 부분도 다소 있을 것이다.

물론, 우리를 둘러싼 주요 관련국가들과 세계 모든 나라들이 서로 협력하면서 평화롭게 상호발전해 나가는 것이 이상적임은 더 말할 나위가 없다. 그러나 지금까지의 세계사를 통해 알 수 있듯이 그럴 가능성은 아주 짧은 기간의 전략적 동거이었고, 격랑을 겪으면서 변하지 않는 건 국가 간 관계에 진정한 선의는 없고 오로지 자국 이기주의뿐이라는 사실이다.

우리로서는 안보관련 주요국인 미국과 경제관련 주요국인 중국이 서로 협력하면서 상호 발전하는 것이 좋을 것이다. 그러나 G2를 달가워하지 않는 미국이 어쩌면 투키디데스의 함정에 빠질지도 모르는 불안한 상황에 있고 중국 또한 각종 굴기를 완성하는 순간 G2를 넘어 패권을 추구하려는 것이 아닌가 하는 의구심을 갖게 하는 것이 현실이다. 시진핑은 등소평 정권 때의 외교노선인 '도광양회'(韜光養晦, 조용히 때를 기다리며 힘을 키움)를 넘어 '찰실개국'(사실을 바탕으로 새로운 시작)을 내세우며 강대국 외교로 전환을 시작하여 중국몽을 펼치고자 한다. 3년 전 헤이그회의에서 불법판결을 내리며 건설중지를 내렸지만 동남아의 전략적 요충지인 남중국해 인공섬 건설이 위성사진에 잡히기 시작했고, 뒤이어 난사군도 인공섬 건설까지 가는 모양새이다. 이에 대해, 트럼프는 중국의 '일대일로' 구상에 대응하기 위해 '인도 태평양' 구상을 내세워 전통적 우방들과 함께 팩스 아메리카나를 유지하려 안간힘을 쓰고 있다. 이런 상황에서 미국과 중국은 주변 국가들에 대해 편 가르기를 시도할지 모른다. 아마도 이미 그런 신호를 보냈는지도 모른다. 만약 그렇다면 어찌해야 할까?

미국은 전통적 안보동맹이면서 어찌됐던 지금까지 우리 역사와 함께해 왔다. 최근 들어 세계경찰 대신 미국회사로 축소화를 추구하면서 전통적 동맹도 미국 우선주의에는 열외가 있을 수 없고 북한비핵화도 미국의 이익과 상충된다면 급할 게 없다는 생각이다.

중국은 인접국으로서 침략, 조공 등 좋지 않은 과거사를 가지고 있으며, 또한 동북아공정이나 사드배치 갈등 등 다른 속내를 가지고 있다. 어쩌면, 중국이 각종 굴기를 완성하는 순간 한국을 중국의 어느 한 성(城)쯤으로 생각할지도 모른다. 그렇다고 여기도 저기도 아닌 모호한 입장을 취할 경우 고립되어 새우 등 터질지도 알 수 없는 상황이다. 더욱이 무역마찰에만 국한됐던 이와 같은 미중 분쟁이 군사·이념 분야로 발전할 경우 그 선택의 문제는 예전처럼 단순하지만은 않을 수도 있다는 점이다.

지금까지는 기존 질서에 순응하여 비교적 성공적인 경제발전과 안보를 유지했지만 미·중 간 신 냉전이 펼쳐질 경우 매우 당황해야 할 처지가 될 수도 있다. 따라서 그런 상황이 오기 전에 밖으로 눈을 돌려 강하고도 유연한 국가체계를 갖추는 준비를 서둘러야 할 것이다.

선진국 진입을 위한
국가역량

한 야당이 지난 16개월간 문 대통령의 공식발언을 분석한 결과, '북한 관련'의 언급이 5795번으로 가장 많았으며 국가별로도 '북한'이 1453건으로 가장 많았다고 한다. 이념이나 정체성이 둘로 나뉘어 있지만 태생이 한민족이니 한편으로는 당연하다 할 수도 있을 것이다.

그런데 불과 얼마 전에 우리는 GDP 3만 달러를 돌파하여 중진국에 진입했다고 좋아했다. 그러나 세계는 아직 우리 한국을 선진국으로 분류하지 않는다. 경제협력개발기구(OECD)도 한국을 가장 빠르게 성장한 회원국 중 하나라고 치켜세우면서도 각종 구조적인 문제로 저성장이 우려된다고 지적한 바 있다.

요즘, 불과 5년 전만 해도 남미에서 가장 잘살면서 단위면적당 석유매장량이 세계 1위인 베네수엘라가 매스컴에 자주 오르내리고 있다. 과도한 사회주의 정권유지용 포퓰리즘 정책으로 석유자원 하나에 성장보다 분배만 강조하다가 100만% 하이퍼인플레이션과 230만 명에 이르는 난민 그리고 극심한 기아 속에 벌어지는 약탈과 범죄로 순식간에 국가파산의 위기에 몰렸기 때문이다. 그렇다, 공든 탑을 쌓기는 어렵지만 무너지는 것은 한순간일 수 있는 것이다.

통계는 어찌됐든 외형적으로 우리는 선진국 대열에 올라섰다. 반도체와 IT 인프라 등 몇몇 측면에서 세계를 지배하고 있다. 과거 한때, 아르헨티나와 일본은 무난하게 선진국으로 진입할 수 있는 나라로 주목받았다. 일본은 아시아 최초로 선진국이 되었지만 아르헨티나는 그 벽을 넘지 못하고 아직도 남미의 가난한 후진국으로 남아 있다. 경제규모가 일정 단계에 이르러 새로운 성장을 하려면 보다 큰 틀에 부합하는 새로운 경제프레임이 필요한데 그렇지 못했던 것이다.

더구나, 지금은 국익이 격돌하는 정글 같은 세상이다. 한미관계와 북중관계에서 보듯이 끈끈했던 오랜 동맹도 자국 이기주의만 있을 뿐 국가 간 선의는 팽개쳐진 모습이다. 트럼프는 미국에 이익이 된다면 북한의 비핵화 문제도 급할 것이 없고, 오히려 미국에 위협이 되는 ICBM만 해결하고 나 몰라라 하면서 정략적으로 이용할지도 모른다. 최근까지 20여 년 장기불황을 맞았던 일본도 불황을 맞기 전에는 TQC, JIT, MBO 등의 혁신 경영기법 등을 선보이며 G2대열에 올라 한때 미국경제를 위협했지만, 미국은 이른바 '플라자합의(Plaza accord: 미국의 무역수지 개선을 위해 엔화를 평가절상)'를 통해 일본의 기세를 꺾어 G2를 용납하지 않았다. 이제, 호혜라지만 자국시장 개척을 위해 성장을 도왔던 중국이 어느새 G2대열에 오르자 중국의 첨단기술 정책인 '중국제조 2025'를 타깃으로 무역전쟁을 통해 중국을 견제하려는 것이 아닌가 하는 의구심을 자아내고 있다.

중국 역시 각종 굴기를 내세워 무서운 기세로 우리를 위협하고 있다. 2026년까지 200조 원을 투자하는 반도체 굴기를 비롯하여 세계 스마트폰 시장의 점유율 등도 급속하게 확대해 나가고 있다. 중국은 우리를 향해 사드를 배치하면서도 우리의 어쩔 수 없는 성주 사드배치에 대해 철저하게 보복하는가 하면 우리 방공식별구역을 그들의 안방처럼 활보하고 다니는 등 중국이 굴기를 완성하는 순간 우리에게는 과거 청나라와 같은 존재로 돌아갈지도 모른다.

이처럼, 요즘의 국제사회는 잠깐 눈 감으면 코 베어 갈 정도로 자국 이기주의가 팽배해 있으며, 정도의 차이는 있을지언정 향후 먼 장래에까지 계속되지 않으란 법이 없다. 따라서 선진국 문턱을 앞에 둔 우리로서는 어느 때보다 주마가편이 필요하다.

북한도 형제이고 배분·복지도 좋으며, 언젠가는 우리가 완성해야 할 의무가 있는 단어들이다. 굳이 심의가 시작된 내년도 평화예산 1조 원 줄다리기에 대한 얘기를 하려는 것은 아니다. 작은 하나의 사례일 뿐이다. 국가존립과 중진국함정에서 벗어나 선진국 반열에 오를 수 있는 보다 크고 새로운 경제 프레임을 만들어야 한다. 국가를 운영하는 우리의 엘리트들이 미국과 중국 그리고 일본이 어찌할 수 없는 모형을 개발하는 데 예산과 국가 역량을 집중해야 할 요즘이 아닌가 한다.

세금중독 정부

벤자민 프랭클린은 세상에서 분명한 것은 두 가지로 하나는 죽음이요 또 하나는 세금이라 했고, 공자는 가혹한 세금은 호랑이보다 무섭다고 했다. 민주주의로 유명한 영국의 의회민주주의 발전도 세금 때문에 기인했고, 청교도혁명과 명예혁명의 시발점 역시 세금갈등이었다고 한다.

며칠 전, 정부는 내년도 예산안의 총지출 규모를 올해보다 9.7% 증가한 470조 5000억 원 수준이라고 발표했다. 최근 10년 이래 가장 큰 폭의 증가세이며 그야말로 슈퍼예산으로 조세부담률이 20.2%가 되어 사상 처음으로 20%를 돌파하였으며, 미국(20.0%)과 일본(18.6%)을 추월하게 되었다. 그렇다면, 세입예산도 최소한 같은 비율로 증가해야 하는데, 그 주요 내용은 이전 정부에서 소득공제일부를 세액공제로, 외형이 큰 대기업 등에 대한 법인세율 인상, 그리고 소득세율 최고구간 신설 등 이른바 부자증세 등에 기인한다. 또한, 건강보험료 납부가 최근 4년 동안 36조 원으로 증가하는 등 작년에 우리나라의 국민부담률(세금에 4대 보험료 등 사회보장기여금을 합한 수치가 GDP에서 차지하는 비중)이 26.9%로 지난 15년 동안 3.8% 상승하여 OECD국의 평균 증가율 0.3%보다 무려 13배나 증가하였다. 뿐만 아니라, 향후 5년간 세수가 60조 이상 더 걷힐 것으로 예상하여 일자리 대책 등에 재정확대를 기획하고 있다.

물론, 세원이 충분하여 납세자 부담 없이 이 많은 세금이 들어올 수 있으면 얼마나 좋을까? 그러나 혈세라는 말처럼 세금은 납세자에게 큰 부담을 주는 것이 사실이다. 오죽 세금수입이 쉽지 않으면 '부담금'이라는 것을 만들었을까? 담뱃값에 포함된 국민건강증진기금이나 전기요금에 포함된 전력산업부담금 등 선진국에서는 세금에 산입하여 운용하는 것을 우리는 무려 95개의 부담금이라는 이름으로 한 해에 20조 이상을 운용한다.

분명, 세금은 국가기반 살림을 위한 재정지출과 경제정책 수행 그리고 소득재분배 역할 등 국가존립에 필수적인 요소이다. 따라서 국민의 혈세인 세금이 매우 신중하고도 효율적으로 집행되어야 함은 두말할 나위가 없다. 그럼에도 불구하고, 요즘의 상황은 정부의 재정만능주의를 연상하게 한다. 사병의 봉급을 작년 21만 원에서 올해 88% 인상을 시작으로 4년 뒤에는 또 67%를 올려 67만 원까지 인상 예정이고, 청년일자리와 육아수당, 노인복지수당 인상 등 줄줄이 세금을 퍼붓고 있다. 거기에 예산구조의 난맥상까지 보이고 있다. 대폭 인상된 담뱃값은 60% 이상이 세금이나 육체적으로 힘든 서민들이 더 많이 피워 연간 20조 원에 이르는 담배세를 서민들이 부담하는 형국이며, 오는 9월부터 6살 미만 아동에게 지급되는 '아동수당'을 상위 10%는 제외하기로 하였는 바, 그들을 지급대상에서 걸러내기 위한 행정비용이 1600억 원에 달해 '배보다 배꼽이 더 크다'는 비판을 받기도 한다. 또한, 일자리 정부를 내세워 1년 사이에 54조 원을 퍼붓고도 일자리 5천 개 정도를 만들어 일자리 단위당 지출예산은 노무현 정부의 20배 이상에 달한다. 투명하게 집행되어야 할 국민의 혈세가 증빙도 필요 없는 특수활동비라는 이름으로 19개 기관에 대해 3200억 원에 이르고 있으며, 얼마 전 자영업자·소상공인층에서 최저임금 등으로 불만을 표시하니 국세청이 그 무마책으로 소규모 자영업자의 89%에 대해 세무조사를 유예해주겠다고 달래기도 한다.

세금은 결코 눈먼 돈이 아니라 선량한 국민의 혈세이며 무한한 것은 더더욱 아니다. 또한, 규모가 방대하고 예산기구 및 구조가 복잡하여 일반 국민들은 그 내용을 세세히 들여다보기가 사실상 불가능할 뿐더러 국민소득 4만 달러 시대 진입을 세금으로 지렛대를 삼는 것도 자연스런 현상은 아니라고 본다. 세금을 보는 눈과 마인드가 더욱 냉철해질 필요가 있으며, 무엇보다 예산집행의 타당성과 효율성에 대해서 일말의 의혹과 아쉬움이 남지 않기를 바라는 것이 요즘 국민들의 심정일 것이라고 생각된다.

미군부대,
명과 암을 딛고…[4]

    올해는 우리나라와 미국이 동맹을 맺은 지 65주년이 되는 해이다. 6.25전쟁으로 인해 1953년 10월 1일 체결된 한미상호방위조약에 따라 남한에 미군이 주둔하게 되면서 전국 곳곳에 각종 미군시설들이 들어섰다.

    아마도, 전쟁 후 냉전시절을 이어오는 동안 북한이 판문점 도끼만행 사건(1976)과 버마 아웅산테러 사건(1983) 그리고 대한항공 858기폭파 사건(1987) 등을 저지르며 남한을 위협하고 적화통일을 시도했지만 반세기 넘게 주한미군이 북한의 그와 같은 군사적 위협을 억제하고 동북아시아 안정과 평화에 기여한 점

---

4. 2016년 7월 미군 2-8 기갑 대대 400명이 동두천에서 평택으로 이전한 것을 시작으로 2017년 6월 말까지 미 2사단 101지원 대대 500명 등 총 2000명의 미군이 평택으로 떠났다. 2017년 말까지 1000명이 추가로 평택으로 이동하면 동두천에는 210포병여단 등 3000명의 미군이 남는다. 2018년에는 미2사단 본부도 평택으로 이전할 예정이다.

은 인정해야 할 것이다. 그러나 최근 미국대통령이 괌에 있는 미국 공군기가 한반도에 날아와 전쟁연습을 하고 돌아가면서도 그 비용을 한국에서 못 받는다고 불만을 터뜨린 것처럼 전시작전통제권 문제, 불평등한 한미행정협정 문제, 미군주둔지 환경오염문제 그리고 미군범죄문제 등 어두운 그림자를 던져왔던 것도 사실이다. 또한 미군들도 그들의 나라 및 가족과 떨어져 이역만리 한국 속에 미국인으로 살아가야 하다 보니 주변 지역에 긍정적인 영향과 부정적인 영향을 미치게 된 것도 사실이다. 서울에서 의정부, 동두천을 거쳐 연천까지 닿는 3번 국도가 70년대 초에 만들어진 것도 미군 덕이지만 무엇보다 70년대 중반까지 보릿고개 시절에 먹고 살기 어려울 때 미군 상대 상가들과 기지촌, 카바레, C레이션 박스, 미8군 쇼와 나이트클럽 그리고 '설탕 탄 비싼 물'로 알려졌던 커피 등 음으로 양으로 도움을 주지 않았던가. 특히, 지금은 의정부의 오래된 추억으로 남아 소주잔을 기울이며 즐기고 있지만, 그 당시 미군부대 식당에서 흘러나오는 잔반에서 먹을 만한 것을 골라내 허기진 배를 채우게 했던 영양만점 부대찌개 등!

이런 음양의 추억을 가진 전국의 미군이 평택과 대구 등지로 통폐합되면서 상당수의 미군이 평택으로 옮겨가고 있다. 2002년에 체결된 한미연합토지관리계획(LPP)에 따라 이미 동두천시, 의정부시, 서울특별시에 있던 주한 미군의 기지와 훈련장 시설을 반환하고 평택시의 캠프 험프리스로 이전하였다. 그간 우리 정부가 미군에 공여했던 전체 면적 2억 4000만㎡ 중 약 32%(7664만㎡)만 유지되고 나머지는 우리 정부에 반환된다고 한다. 그동안 전국 미군기지의 96%가 경기도에 있었고, 그중 84%가 경기 북부(의정부, 동두천, 파주 등)에 밀집해 있었다고 한다.

경기 북부로서는 기회이다. 그동안 북한과 연접한 군사도시이다 보니 각종 규제로 인해 개발은 물론 기반시설 및 편의시설도 쉽게 들어서지 못했지만 미군부대 이전과 함께 개발제한구역도 완화되는 등 어쩌면 그동안 난개발했을지도 모르는 것을 세밀하게 검토하여 도시가치 상승의 기회로 만들 수도 있기 때문이다. 도시가치가 주택가격으로만 결정되는 것은 아니지만, 2016년 말 현재 경기도 전체 평균 아파트 매매가는 3.3㎡당 994만 원이지만 의정부는 774만 원, 양주는 595만 원 그리고 동두천은 515만 원 선으로 과천시(2974만 원)에 비해 1/4수준 정도로 매우 낮은 편이다. 이제 이들 미군들이 이전한 공여지를 잘 활용하고 묶였던 규제들이 다소 완화된다면 수도권으로서 미군부대 부대찌개의 이미지를 벗고 경기 남부 못지않은 새로운 문화도시로 재탄생할 수도 있을 것이다.

불과 한 달 전 싱가포르에서 진행된 김정은 위원장과 트럼프 미국대통령 간의 북미정상회담 장면이 아직도 눈에 선하다. 이들 만남 이후 한반도 지정학의 판도가 초미의 관심사이다. 역사학자 카(E.H.Carr)는 그의 명저 『역사는 무엇인가』에서 역사를 과거에 있었던 역사적 사실과 현재를 살아가는 역사가의 해석 사이의 끊임없는 대화라고 정의했다고 한다. 우리의 공간을 지키기 위해서는 그간의 역사를 세심하게 되돌아보아야 할 것이다.

본유관념
(本有觀念)

　며칠 전, 국회 앞에서 단식농성 중이던 야당 원대대표가 30대 남성에게 폭행을 당하는 사건이 발생했다. 6.13 지방선거를 한 달여 앞에 놓고 벌어진 사태이다. 이 사태를 두고 한국당은 '정치테러'라며 줄이어 농성을 강화해가는 반면, 여당은 '우발적' 사태로 근거 없는 의혹 부풀리기라며 국회 정상화를 촉구하는 형국이다. 본 기사에 대한 많은 댓글 역시 유사한 논조로 둘로 나눠지고 있다. 10여 년 전인 2006년 5.30 지방선거를 앞두고도 당시 한나라당(야당) 대표가 유세 도중 커터 칼에 얼굴이 찔려 60여 바늘을 꿰매는 상처를 입은 적도 있는데, 이 사태 후 야당이었던 한나라당은 지방선거 역사상 유례없는 대승을 거둔 사실도 있다.

　본 사건의 시작은 온라인에서 유명세를 탄 진보논객이었던

'드루킹 사건'에서 비롯되었다. 친여 성향의 이 드루킹 자료창고는 1000만여 명 정도가 방문할 정도로 파워블로거로 알려져 있는바, 여당에서는 뭔가 꼬투리를 잡힐까 망설이고 야당에서는 지방선거를 앞두고 과거 국정원 댓글 사건에 대한 보상(?)을 의식하여 특검 등 강공을 추진하는 건 아닌지 하는 여론도 존재하는 것이 사실이다. '남침'이라는 단어를 국정교과서에서 제외한다든가 5.18광주사태, 천안함 폭침사건, 세월호 등 우리 주변에서 크고 작은 수많은 문제가 발생하였지만 그때마다 예외 없이 긍정적인 시선과 부정적인 시선이 대립해 왔다. 일본 위안부 사건과 관련해서도 일부 국내 인사들마저 망언을 얘기하다 곤욕을 치르지 않았는가? 천안함 붉은 멍게 의혹이 전문가들의 과학적 분석 결과 사실이 아닌 것으로 판명됐는데도 여전히 인정하지 않는 사람들이 있고, 북한 내 사정이 오랜 기간 동안 내외신을 통하여 직간접으로 들어오고 있음에도, 또한 직접 방북해서 엄연한 현실을 경험하고도 이를 인정하지 않는 이념적 외눈박이 사조와 그와 같은 현실을 정치적으로 교묘히 이용하려는 정치적 구태들이 아직까지도 상존하는 것이 현실이다.

이제 우리도 국민소득 3만 달러 시대에 접어들고 있다. 2만 달러 이후 선진국들은 5~6년 만에 3만 달러대 진입을 했건만 우리는 무려 12년 세월이 필요했다. 이제는 사실을 사실대로 보는 관념이 필요하다. 어느 감각의 도움 없이 마음에 명석하고도 판명하게 떠오르는 '본유관념'이 필요하다. 믿음이란 신과 같은 성스러운 존재를 신뢰하고 복종할 때 사용되어야 하는 단어이어야 한다. 믿음이라는 속성은 때로 어처구니없는 감정에 불과할 때도 있다. 종교적으로 회자되는 생명수는 종교인들에게는 그야말로 생명수일 것이다. 그러나 일상에서는 그냥 일반적인 물이라는 것이 여러 차례 증명됐다고 한다. 일상생활에 있어 물은 그냥 물이고 보통의 물로 보아야 한다. 이처럼, 믿음은 때로 사실이 아닌 것조차 사실로 믿게 만들 때도 있다. 거짓도 이 확고한 믿음 앞에선 진실로 여겨지는 경우가 있지만 결코 거짓이 진실이 될 수는 없는 것이다.

남북 간 화해기조가 역대 최상이고, 한반도에 새로운 역사가 쓰여질 수 있는 변곡의 시기인지도 모른다. 우리민족끼리라지만 결코 그렇게 될 수 없는 것이 현실이다. 우선은 남남갈등 없이 힘을 모아야 하고 주변 4강에 대한 지정학적 여건에 잘 대응해야 주변국들도 함부로 못 할 것이다.

며칠 전, 미국 대통령 부인이었던 바버라 부시 여사 장례식에 살아있는 전직 대통령 4명과 그 부인들이 함께한 사진을 보고 가슴 뭉클하면서도 참으로 부러운 시선을 느낀 사람들이 많았다고 한다. 그에 비해 우리의 최고권력은 세계최강(?)임에도 측근의 총탄에 비운을 맞고, 두 분이 연속 감옥에, 다음 대엔 자녀들이 연달아 감옥에, 스스로 목숨을 거두시고, 지금 살아계신 두

분도 감옥에…! 이제는 더 이상 이와 같은 불상사가 일어나지 않아야 하며, 일어나지 않도록 해야 한다. 구태라는 용어 자체도 사라져야 하며, 본유관념은 아니더라도 최소한 색안경을 벗고 있는 그대로의 사실을 인정하는 관념이 필요하다고 본다. 우리 민족끼리라는 용어가 우리 주변을 둘러싸고 있는 국제사회에서 통용되기를 고대한다.

'자유' 없는
민주적 질서?

'자유가 아니면 죽음을 달라' 이 말은 1775년 미국 국민이 영국으로부터 독립을 위해 리치먼드에서 개최한 민중대회에서 독립운동가 패트릭 헨리가 한 연설의 일부분이다. 얼마 전 국회 개헌특위 자문위원회가 헌법 제4조에 있는 '자유민주적 기본질서'에서 '자유'를 삭제하자는 개헌안을 발표했다가 4시간 만에 번복하는 해프닝이 벌어진 바 있다. '자유'라는 두 글자가 무엇을 상징하기에 굳이 삭제하려 하고 또한 지키려고 목소리를 높이는가?

'자유'에 대한 철학적 의미는 남에게 구속을 받거나 무엇에 얽매이지 않고 자기 뜻에 따라 행동하는 것, 즉 법률의 범위 안에서 자기 마음대로 할 수 있는 행위를 말한다. 그러나 정치적으로는 조금 달라서 단순한 방종이 아닌 책임이 수반되는 권리 즉, free(타인이나 특정 권위의 통제로부터 자유에 해당)보다는 liberty(어떤 사회나 국가의 구성원들이 정부로부터 보장받아 공통으로 소유하고 있는 자유(권리)의 총합)의 의미를 갖는다.

자유민주주의는 인간의 존엄성을 바탕으로 개인의 자유와 권리를 보장하는 헌법을 세우고 민주적 절차하에 다수에 의해 선출된 대표자들이 입헌주의의 틀 내에서 의사결정을 하는 체제 즉, free가 아닌 liberal democracy를 말한다.

지역균형발전의 가치를 위해 서울에 있는 특정 대기업을 지방으로 이전시켜야 하는가의 문제에서, 이전을 거부하는 권리는 자유주의 영역에 속하고 공익을 위해 무리를 하더라도 이전해야 한다는 것은 민주주의 영역에 속하는 것이다. 또한 똑같이 자유민주주의를 표방하는 국가들 사이에서도 한국과 일본은 민주주의와 국가주의가 결합한 형태임에 비해 미국은 자유를 훨씬 강조하는 자유민주주의라고 할 수 있다.

우리 헌법에 '자유' 민주주의가 처음 등장한 것은 1972년 유신헌법이다. 그 당시 접두사 '자유'는 전술한 본래 의미 외에 반공을 기치로 북한의 인민민주주의에 대항하기 위한 이념도 다소 포함(그 당시 대만을 '자유중국'이라 호칭)하고 있었으며, 조금은 정치적 반대세력에 대한 탄압 수단으로 활용하고자 하였음도 부인할 수 없을 것이다.

요약하면 자유주의를 강조하는 보수층은 북한이라는 이데올로기적 대립관점에서의 자유보다 자유주의 자체를 옹호하기 위해 '자유'라는 접두사를 지키고자 함이라면, 진보층은 이를 삭제하여 자유주의보다 민주주의를 강조함으로써 일종의 사회민주주의화 의심을 받고 있는 형국이다. 그러나 전술한 바와 같이 적시된 용어에 관계없이 국민의 관심과 위정자에 따라서 자유민주주의는 여러 형태로 발전해 오고 있다. 국가존립의 모법이며, 기본질서의 근간인 헌법은 심장과도 같다.

어느 중진 진보학자가 말했듯 삭제의 실익이 크지 않다고 생각된다. 모든 국민들을 행복하고 평안하게 잘 살게 하기 위해서는 다른 영역으로도 모색 가능한 일이라고 본다.

비혼(非婚),
문화인가?

지난해 연말에 네이버 검색 신조어 1위는 졸혼(卒婚)이었다고 한다. 부부가 법적인 혼인관계는 유지하면서도 서로 간섭하지 않고 독립적으로 살아간다는 의미이다. 이와 관련된 또 다른 신조어인 비혼(非婚)이 8위에 올랐다고 한다. 미혼(未婚)이 '결혼을 못 한 것'이라는 부정적인 뉘앙스가 깔려 있음에 비하여 비혼은 '못 한 것이 아니라 스스로 선택한 것'이라는 뜻을 지니고 있음 이다. 또한 독신은 미혼과 비교할 때 혼자임을 강조하는 단어이 다. 빅데이터 회사인 다음소프트에 의하면 SNS상에서 '비혼'의 언급량은 2011년 2000여 건 수준에서 2015년 말에는 그 11배 인 2만 2000여 건 그리고 2016년 말에는 무려 3만 건을 돌파했 다고 한다.

비혼은 1970년대 출생한 여성이 30대가 되는 2000년대 초부터 시작된 것으로 보인다. 남녀평등, 여성상위시대 등의 사회적 배경 위에 학력 상승, 해외여행도 거리낌 없이 해보고 90년대 말 경제위기를 경험하면서 결혼이라는 것에 대해 의문을 갖기 시작해서부터이다. 거기에다 커리어우먼, 고위공직 진출, 골드미스라는 시대변화 용어의 등장과 함께 더욱 심화되었고 여기에 더하여 높은 집값, 결혼비용, 육아문제 등으로 어쩔 수 없이 결혼을 못 하는 비자발적 비혼이 가미된 것으로 보인다.

최근 20~40대 미혼남녀 1325명에 대한 설문조사에서는 남성의 74.3%, 여성의 92%가 '결혼은 필수가 아닌 선택'이라고 답하여 이제 결혼은 '의무사항'이 아닌 '선택사항'으로 빠르게 인식되어 가는 경향이다. 문제는 결혼가정의 출산율 자체가 1.17로 낮은데다 이런 상황에서 비혼이 증가하면 향후 국가 차원의 인구문제는 엄청난 리스크로 다가올 수밖에 없다. 절대적 인구부족도 문제이지만 이미 고령사회에 진입하여 인구모형이 가분수 형태로 불안한 구조가 오랫동안 지속될 수밖에 없을 것이다. 비혼이야말로 개인적 차원에서는 합리적(?)인 선택일지 몰라도 국가적 입장에서는 엄청난 재앙으로 이어질 수 있음을 심각하게 받아들여야 할 것이다.

비혼의 이유는 전술한 바와 같이 1970년대 출생 여성들의 페미니스트적 사고에 의해 시발되었지만 그보다는 경제적 여건이나 육아문제 또는 결혼제도의 부담 등으로 인한 현실적 문제의 비자발적 비혼이 훨씬 많은 것으로 여겨진다. 그중에서도 페미니스트적 사고에 현실적 어려움이 가중된 여성들의 문제, 즉 출산, 육아, 퇴사, 경력단절, 재취업, 자녀결혼, 황혼육아로 이어지는 이른바 '맘고리즘' 구조상의 문제해결에 관심을 가져야 할 것이다.

한 리서치 전문기업이 만 19~59세 남녀 1000명을 대상으로 한 설문조사에서는 '결혼은 해도 그만, 안 해도 그만'이라는 응답은 61.8%에 달했으며, 비혼이 증가하는 이유는 '경제적 어려움'이 제일 많았고, 이어서 '자녀 양육' '주거비용' '결혼비용' 등으로 대부분 경제적 부담에 관한 항목이었다고 한다.

비혼은 새로 만들어지는 문화가 아니어야 한다. 결혼이 지당한 인생수순이고 기혼만이 성공과 행복의 표식이었던 문화를 되찾아 와야 한다. 내 자신만의 취미, 라이프스타일 등 개인적 가치추구보다 결혼과 가정구성이 인류사회 유지의 근간이라는 신념이 더욱 강조되어야 한다.

채무 제로(Zero) 시대

　채무 제로(zero)! 의정부시가 경기도내 9번째로 일반회계 채무제로를 선언했다. 의정부시뿐만 아니라 전국 채무도시 1위로 2014년에 7848억 원의 빚을 졌던 경전철 문제도시였던 용인시도 채무제로를 선언했으며, 재정자립도가 매우 낮았던 담양, 보성, 장흥, 영광, 무안 등의 전라남도 8개 지차체도 채무제로를 선언했다.

　금년도 중앙정부만의 국가채무는 636조 원으로 예상되며 가계부채는 지난해에 이미 1300조 원을 넘어섰다. 내년도 우리나라 전체의 일반회계 예산안이 428조 원이니 결코 적은 금액이라고는 할 수 없을 것이다.

　흔히 경제주체는 정부, 기업 그리고 가계라고 일컫는다. 그중 이윤극대화를 추구하는 기업은 빚을 얻어서 이자비용보다 최후순익을 증대시키는 재무레버리지 효과를 기대할 수 있지만 국가와 가계는 '버는 곳'이 아닌 '쓰는 곳'으로 빚에 대한 이자를 부담하는 대신 적시성을 고려하여 미래의 편익을 앞당겨 사용하는 것뿐이다. 아무튼 전국의 지자체들이 나아진 경제환경으로 그 필요성을 절감해서인지, 예산운용 기법을 혁신해서인지 아니면 내년도 있을 지방선거를 의식해서인지는 모르지만 채무제로 열풍이다.

그렇다면 빚에서 벗어나 균형재정이 되면 무엇을 해야 할 것인가.

물론, 기존의 지자체 사업 우선순위는 바뀌지 않겠지만 크게는 요즘 트렌드인 복지와 교육/문화 그리고 도시정비 등에 쓰일 것이며, 의정부시도 크게 다르지 않을 것이다. 의정부시는 경기도 북부이기도 하지만 한수이북 즉, 한반도의 북쪽 관문이기도 하다. 이미 한강 이북 지역의 행정을 담당하는 경기도 북부청사를 비롯하여 제2의 교육청과 경찰청, 병무청 그리고 소방안전본부 등이 개청하여 운영 중에 있다.

그럼에도 불구하고 경기북부 지역에 첫발을 딛는 지점인 금오동의 의정부버스터미널은 제2도청으로서의 격으로나 시민들의 문화수준, 의정부를 방문하는 방문객들의 편의성 차원에서라도 어울리지 않는다. 출입로상 안전문제와 공간이 협소할 뿐 아니라 시설이 노후화되고 화장실도 승하차장과는 거리가 먼 2층에 위치하고 있는 등 시민들에게 불편을 초래하며, 방문객들로 하여금 첫눈에 실망하도록 되어 있는 실정이다.

따라서 장암동 등 외곽으로의 이전신축이나 현 위치에서의 확장 증개축 등이 필요시 된다. 이왕이면 층수를 늘려 일반 주차장과 패밀리레스토랑, 볼링장 등 운동시설, 멀티플렉스 상영관 등의 문화공간이 들어서면 더욱 좋을 것이다. 물론, 비싼 땅값 부담이나 특별교부세 등 국비지원이 어려운 상황이긴 하지만 채무제로 시대를 여는 지금 그 현명한 해결책을 찾을 필요가 있다고 본다.

보다 산뜻한 의정부 버스터미널 환경 조성으로 의정부 부대찌개와 함께 미군부대 냄새를 벗고 한수 이북 관문의 새로운 명소가 되길 기대해 본다.

개미와 베짱이 3.0

옛날 이솝 우화에 나오는 개미(1.0)는 뙤약볕 아래 땀을 뻘뻘 흘리며 열심히 일하여 겨울 곳간을 풍성하게 채운 반면, 베짱이는 그늘 아래 시원한 곳에서 노래만 부르다가 추운 겨울 개미에게 동냥을 한다는 지극히 정상적(?)인 모습이었다. 그런데 요즘 개미(2.0)는 너무 열심히 일하다가 허리를 다쳐 그동안 모아놓은 재산을 탕진한 반면, 베짱이는 노래만 하고 놀다가 노래실력이 늘어 출판한 음원파일이 날개 돋친 듯이 팔려 부자가 되는 것으로 바뀌었다고 한다. 어느 것이 진리인지는 모르지만 전자에 견줘볼 때 이는 비정상적인 모습일 것이다.

우리가 사는 현실 역시 대내외적으로 상식과 진실이 통하지 않는 비정상적이며 질서가 없는 혼란스런 사회인 건 마찬가지이다. 한때 인터넷 최강국이었던 우리의 4차 혁명 수준이 주요 선진국에 비해 4년여 뒤처져 있으며 특히 소재산업과 신산업의 경우 더욱 그러하여 하루속히 제조업과 서비스업을 구분하는 이분법적 사고에서 벗어나 새로운 여건변화에 신속히 대응할 수 있는 역량을 길러줘야 하는 것으로 나타났다고 한다.

가계부채 또한 그 중요성을 아무리 강조해도 지나치지 않을 위급하고도 중대한 사안 중 하나이다. GDP대비 가계부채비율은 2007년 말 72.3%에서 2016년에는 90.0%로 증가하였다. 국제결제은행(BIS)은 GDP대비 가계부채 총량이 85%를 초과하면 부채가 그 나라의 경제성장을 가로막는다고 본다.

또한, 대외적으로도 북한의 핵실험과 THAAD, 미국의 보호무역 등으로 인하여 강대국들의 틈새에서 이러지도 저러지도 못하는 이른바 핀란디제이션(Finlandization: 인구 500만여 명의 핀란드가 인구 26배의 러시아, 독일, 스웨덴 등에 둘러싸여 자결권에 제한을 받는 약소국의 설움) 우려도 어제오늘만의 일이 아니다.

이러한 대내외적 상황 속에서 또 우리 국가와 지자체 등 공공조직은 미래를 준비해야 한다. 내년도 국가 예산안은 복지지출을 사상 최대로 늘려 총량으로 계산하면 무려 정부 총지출의 1/3을 초과한 반면, 국토발전의 근간인 사회간접자본(SOC) 예산은 역대 최대 규모로 축소한다고 한다. 또한, 지방에 넘겨주는 교부금은 10년 만에 최고 수준이며, 병사들의 월급도 월 21만 원에서 40만 원으로 인상하는 반면, 재정수지 적자(-2.1%)와 국가채무(40.4%)는 증대를 계획하고 있다.

공공예산은 선거를 의식한 포퓰리즘이라는 얘기가 안 나오도록 백년대계 차원에서 공공의 내일과 100년 후를 생각하며 급한 것과 그렇지 않은 것을 구분해야 하고, 어느 특정 부문보다 국가 및 공공 전체의 관점에서 치밀하게 편성되어야 할 것이다. 하여, 열심히 일만 하다가 허리를 다친 개미가 성큼 다가선 4차 산업 혁명에 의해 치유되어 다시 열심히 일을 하게 되어 부자가 되고 음원을 팔아 부자가 된 베짱이도 술과 마약에 현혹되지 않고 '질서'가 있는 '정상사회' 형성에 동참하게 되는 '개미와 베짱이 3.0'을 만들 수 있기를 기대한다.

대선과
세금정책

제19대 대통령선거를 며칠 앞두고 코스피(KOSPI)가 사상 최고치를 경신했다. 1983년 1월 개장하여 34년 만에 증시사상 새로운 역사의 장을 열게 된 것이다. 이와 더불어, 올해 경제성장률도 수차례 하향조정했었지만 3% 가까운 성장이 기대되고 또한, 3년 만에 무역 1조 달러 고지도 탈환할 수 있다는 전망이다. 어쩌면, 대선 이후의 우리 경제가 그간 박스권에 갇혀있던 마(魔)의 3%대 성장률을 뚫을 돌파구가 마련될 수 있을 것 같은 기대감을 갖게 하는데, 그 주요 변수 중 하나가 세금정책이다.

대선이 가까워올수록 선심성 공약이 남발되는 경향이다. 그 공약들을 이행하기 위해서는 늘 재원이 문제가 되며, 그 주요 재원은 또한 국민들이 내는 세금으로 특히 증세 여부가 문제이다. 유력후보 5인 중 1인만 법인세 등의 인상을 반대하고 나머지는 모두 인상을 내세우고 있다. 법인세뿐만 아니라 소득세와 부동산 보유세 등도 그 대상이다. 현재, 우리나라의 법인세율은 세계주요국과 비교해 볼 때 중간 정도(22%)에 해당한다. 미국이 35%로 높은 편이며 캐나다가 15%로 낮은 편이다. 경제협력개발기구(OECD) 회원국들의 평균 법인세율은 2000년 30.2%에서 2016년 22.5%로 감소추세이다. 글로벌 금융위기 이후 OECD 회원국들의 법인세율 조정내역을 살펴보면, 34개국 중 5개국이 인상한 반면 인하한 국가는 18개국이나 된다. 기업이 세금부담을 강하게 느끼면 투자와 고용을 줄일 뿐 아니라 세율이 낮은 국가로 본사를 이전할 가능성이 높아지기 때문이다. 실제로, 영국의 경우 28%였던 법인세율을 20%로 인하하면서 2014년 한 해에만 미국의 글로벌기업 15개가 영국으로 이전하기도 하였다. 우리와 주요 경쟁국인 대만(17%), 싱가포르(17%), 홍콩(16.5%) 등도 비교적 낮은 세율을 유지하고 있다. 특히, 미국의 경우 트럼프 정부는 현행 연방 법인세율을 35%에서 15%로 획기적으로 낮추고 개인 소득세 구간도 7단계에서 3단계로 단순화해 최고 세율을 39.6%에서 35%로 낮추며, 향후 3년에 걸쳐 25%인하안을 발표하여 과거 레이거노믹스보다 훨씬 급진적이라는 평가를 받고 있다.

증세 및 법인세율 인상이 필요악이라는 것은 결코 아니다. 저소득 약자들을 돕고 또한 급격한 고령화와 저출산, 5060세대들의 머지않은 미래상황 등을 견주어 볼 때 복지재정수요는 지속적으로 증가할 수밖에 없을 것이다. 하지만 조세부담률(18.5%)이 OECD평균(25.1%)보다 낮은 상황에서 재원 마련은 한계가 있을 수밖에 없다. 증세 없는 복지재정 지출이 가능하다면 이보다 더 좋을 순 없지만, 다분히 정치적 의도가 있는 무리한 복지재정 지출은 국가재정에 더 큰 위협을 줄 뿐 아니라 후세에도 큰 짐을 지워주는 것이기도 하다.

증세 및 법인세율 인상여부에 대한 정답은 존재하겠지만 현 시점에서는 아무도 모르며, 섣불리 결정할 일은 결코 아닐 것이다. 단순히, 우리나라 조세부담률 및 세계주요국과 OECD회원국의 법인세율 현황 그리고 복지재정 지출의 수요증가 요인 등을 보면 인상이 필요하지만 작금의 미국, 영국 등을 비롯한 세계 여러 나라들의 조세정책 흐름과 우리나라 기업들의 정서 등을 고려하면 자제 내지 인하의 필요성이 있을 것이다.

세금은 국가를 떠받치는 주춧돌이며, 부유한 국민과 가난한 국민을 함께 보듬게 하는 도구이기도 하다. 2015년 우리나라의 법인세 납부는 상위 10% 기업이 91.7%를 부담하였으며, 소득세의 경우는 상위 10% 고소득자가 85.7%를 납부하였다. 고소득층의 기업과 개인사업자가 세금의 상당부분을 부담하는 이른바 수직적 공평성을 반영하고 있지만 한편으로는 소득의 양극화를 보여주는 어두운 단면이기도 한 것이다. 이번에 당선된 새 대통령은 개장 이래 사상 최고의 주가 분위기 속에서 기분 좋게 출발한다. 증세여부에 대한 정답을 정확히 찾아서 양극화 해소는 물론 세계 경제의 성장흐름에 동승하여 4차 산업혁명의 고지를 선점하는 명석함을 보여주기 바란다.

청렴시민감사관

　사람은 태어나면서부터 기본적으로 자유로운 영혼을 추구한다. 따라서, 사람이 둘 이상 모이게 되면 인위적으로 만든 법이라는 것이 필요하게 되며, 법은 그 테두리 안에 있는 사람들이 지킬 것을 전제로 제정한다. 법(法)이라는 한자어는 물 수(水)변으로 시작한다. 즉, 물처럼 투명하고 또한 흘러서 막힌 곳을 뚫어준다는 의미를 내포하고 있는 것이다. 또한, 법은 동서고금을 막론하고 만인에게 평등해야 한다는 것이 진리이며, 집행 시 공정성과 투명성은 그 자체로서 매우 높은 사회적 가치를 가지고 있는 최고의 덕목으로 법 집행에 있어 공정성과 투명성은 아무리 강조해도 지나치지 않는다. 따라서, 사회시스템을 설계하고 운영함에 있어 가장 중요한 덕목은 공정성과 투명성이라고 할 수 있는바, 우리나라가 지금 한창 시끄러운 것은 이 공정성과 투명성을 확보하지 못한 결과이기도 할 것이다.

그런데 이는 비단 국가에만 적용되는 것은 아니며 국가의 한 부분인 지방자치단체에서도 크게 다르지 않다. 오히려 행정작용의 결과가 곧바로 시민들의 피부에 와닿을 뿐 아니라 시민들의 삶의 질에 직간접으로 영향을 미치는 지방자치단체의 경우에는 기관 운영의 투명성과 공정성이 더욱 확보되어야 하지 않을까 생각된다.

이와 같은 자치행정 및 기관운영의 투명성과 공정성 확보의 일환으로 국가를 구성하는 각 지방자치단체와 국가기관들은 청렴시민감사관 제도를 운영하고 있다. 즉, 공직자 부조리나 위법·부당한 행정처리 또는 취약한 분야에 대한 감시와 조사 및 평가를 하고 또한 투명성 제고를 위한 제도개선 등을 수행하는 제도이다. 현재, 우리나라 전체 대상기관 215개 기관 중 대부분의 기관들이 이 청렴시민감사관 제도를 운용하고 있으며, 남양주시에서도 일반분야와 전문분야로 나누어 적극적으로 활동하고 있는 것으로 알고 있다.

남양주시의 청렴시민감사관 제도는 자체감사가 가지는 독립성과 객관성의 한계를 보완하기 위해 시민 또는 전문가가 독립된 제3자의 입장에서 공정성 및 투명성이 필요한 주요 사업들에 대하여 부패 또는 취약분야에 대한 감시와 조사 및 평가를 하고 이 과정을 통해 제도개선 등을 제안하는 외부 부패통제시스템으로서 이제는 상당한 정도의 청렴한 시정문화를 이끌어 냈다고 생각된다. 특히, 최근 수년 동안 남양주시 전체에 대한 결산검사와 전문분야 청렴시민감사관으로서 남양주도시공사, 상하수도 특별회계 등의 운용감사에 직접 참여해 본 결과 남양주시 공직자 개개인의 청렴의식이 높은 수준이며, 시정업무 수행 또한 신속하고도 정확하게 처리되고 있음이 감지되기도 하였다. 결론적으로, 남양주시 청렴시민감사관 제도는 그 운용취지에 맞게 잘 운용되고 있다고 생각된다.

다만, 일부 청렴시민감사관의 경우 감사품질 제고와 함께 활동수준이 낮은 점을 보완하는 한편, 청렴시민감사관들의 감사결과 시정요구 등에 대한 시청의 수용 및 반영율이 좀 더 높아질 경우 이 청렴시민감사관 제도가 더욱 활성화되지 않을까 생각된다.

한국인의 DNA

며칠 전 우리는 다소 색다른 3.1절을 맞이했고 앞으로 2년 후에는 100주년을 맞이한다. 비록, 10만㎢도 안 되는 작은 국가이지만 G20에 가입된 국가 중 GDP규모가 세계 12위이며 세계무역 8강에 위치하고 있다. 한국은 경제개발계획과 새마을운동 등에 의한 '한강의 기적'부터 시작하여 아주 짧은 기간에 외환위기를 극복하고 이제는 세계 곳곳에 K-pop과 반도체, 자동차 등 각종 전자제품을 포함하여 한류열풍을 경험하도록 하고 있다. 그렇다. 6.25동란 이후 60여 년간 한국은 정치민주화와 경제도약 그리고 한류문화 등 세계를 압도할 만큼 발전해 왔으며, 그 같은 발전은 지금도 계속되고 있다. 누가 뭐래도 그와 같은 동력은 금 모으기 등과 같은 '국민의 힘'이었음을 부인하지는 못할 것이다.

그러나 기미년 3.1운동 때 온 국민을 하나로 묶었던 유관순의
태극기가 얼마 전 3.1절에는 이쪽 태극기와 저쪽 태극기로 갈라
져 있음을 보았다. 국민의 힘이 어쩌면 해방 이후 처음으로 양분
된 건 아닌지 그간의 축적된 국정운영 경험으로 이 심각한 난국
을 돌파해 낼 수 있을지 걱정하지 않을 수 없는 것이다. 한쪽은
'나라를 바로 잡겠다'는 선의로 광화문 거리를 행진하면서 헌재
결정이 이들의 뜻에 반하게 되면 혁명의 길로 나선다 하고, 또
다른 한쪽은 '나라를 구출하겠다'라는 선의로 태극기를 들고 거
리를 행진하지만 역시 이들 뜻에 반하는 결정이 내려지면 아스
팔트에 피를 칠하겠다고 공언하고 있다. 이른바, 2대의 차량이
마주 보며 전속력으로 돌진하는 치킨게임 양상인 것이다. 더구
나, 4.19 5.18 6.29 등 지금까지 우리 현대사를 바꾼 시위문화
는 민(民)과 권(權)의 충돌이었으며, 궁극적으로 민이 승자가 되
었지만, 작금의 시위는 이와는 달리 민 대 민의 충돌로 이어져
승자는 없고 모두 패자가 될 최악의 상황이 발생할지도 모르는
것이다.

　　문제는 여기가 끝이 아니다. 북한은 계속해서 핵실험과 미사
일 도발로 위협하고 있고, 초기 사드배치 논의에 여야분열로 미
적거리는 태도는 중국의 헛된 환상을 불러일으켜 한국 기업들에
게 차마 거인이기를 거부하는 보복조치를 공공연히 자행하고 있
으며, 가깝고도 먼 이웃 일본은 집요하게 우리를 괴롭히고 있는

형국이다.

대한민국은 국가영토가 작으면서 천연자원이 절대적으로 부족하여 국제무역에 집중하면서 세계3위의 경제영토를 자랑하지만 영국의 브렉시트나 트럼프 대통령의 자국 우선주의에 의한 보호무역이 강화될 것으로 예측되는 시점에 지도자의 상처 내지 국가 집중력 부족으로 '국민의 힘'을 하나로 모을 수 있을지 참으로 안타까운 사상 초유의 현실이다.

그러나 우리는 또 해내야 한다. 홍익인간의 인본주의와 불굴의 정신으로 무장한 공동체의식이 우리의 강점 아닌가? 과거 오랜 기간 숭유와 숭불정책을 폈음에도 몇 집 건너 십자가가 보이는 나라이다.

다시 하나이어야 한다. 법치를 통해서 하나가 되어야 하고, 헌재를 존중해서 법치를 이루어야 한다. 헌재는 오랜 군사정권체제를 혁파한 '87시민혁명의 산물로서 헌법을 수호함으로써 국가의 근본을 굳게 지키고 든든하게 받쳐줌을 표현하고 있는 기관이다. 비록, 민 대 민의 충돌이지만 헌재 결정을 거부하는 건 헌재가 탄생한 역사를 부정함과 동시에 법치를 부정하는 것이기도 하다.

이제는 시스템적으로 법을 초월하려는 제왕적 통치자가 군림하지 못하도록 해야 하며, 지배층의 유전무죄 관행과 법전을 모두 암기한 법 기술자들도 법치 아래에서 벗어나지 못하도록 해야 한다. 지금까지 해냈으니 어떻게 되겠지 하는 무신경은 담대함이 아니라 어리석음이다. 이쪽이든 저쪽이든 현재 결정을 존중하여 하나가 됨으로써 다시 한번 성숙한 대한민국의 모습을 보여주어야 한다.

　겨울은 끝나가지만 아직 봄은 오지 않았다. 양분되었던 태극기가 하나가 됨으로써 우리는 봄을 맞을 것이며, 대한민국의 산하가 더욱 푸르러질 것임을 기대한다.

'인구지진'과
정유 새해[5]

고려 태조 왕건이 태어난 해는 877년 정유년이고, 1597년 정유년에는 정유재란이 일어났다. 이번 정유년에는 사상 처음으로 우리 한국이 고령사회에 진입하게 되어 생산가능 인구(15~64세)가 감소하기 시작하고, 노인인구(65세 이상)가 어린이(0~14세) 인구를 추월하는 '인구지진(Age-quake)' 현상에 봉착한다. 인구지진의 충격파는 자연지진의 리히터 규모 9.0수준으로서 소비·노동·투자하는 사람들이 사라진 세상을 의미하는 '인구절벽'이라고까지 한다. 유엔은 65세 이상 노인 인구가 전체 인구의 7%를 차지하면 고령화사회, 14%를 넘으면 고령사회, 그리고 20%를

---

5. 2016년 12월 8일 통계청이 발표한 '장래인구추계: 2015~2065년'에 따르면 우리나라 생산가능인구는 2016년 3763만 명으로 정점을 찍은 뒤 2017년(3762만 명)부터 감소할 예정이다. 2020년부터는 연평균 30만 명 이상으로 급감, 2065년에는 2015년(3744만 명)보다 55.1% 감소한 2062만 명을 기록할 것으로 추산하였다.

넘으면 초고령사회로 분류하는데, 한국은 2000년에 이미 고령화사회에 진입했고, 금년에 고령사회로 진입하게 되며, 2026년엔 초고령사회에 접어들 것으로 예상하고 있다.

통계청이 발표한 인구 주택 총조사 결과에 따르면, 2015년 11월 1일 기준 만 100세 이상 고령자는 3159명으로 2010년(1835명)보다 72.2% 증가했다. 85세 이상인 후기노인인구도 2015년 8.3%에서 2020년엔 10.0%로 증가될 전망이다. 또한, 1985년에 노인인구가 174만이었으나 작년 8월에는 681만 명으로 약 3.9배 증가한 반면, 같은 기간 어린이 인구는 약 1230만 명에서 695만 명으로 줄어 30년 새 반 토막이 되었다. 1년간의 전국 신생아 수가 처음으로 40만 명대로 떨어진 2002년생들 이른바, 40만둥이가 고교 3개 학년을 모두 채우는 2020년이 되면 고등학교는 500여 개가 없어지고 현재 기준 대입 정원에 20만 명이 부족하게 되며, 2022년부터는 군 입대자원도 부족하게 될 전망이다.

특히, 경북 의성군 등 일부 지자체의 경우, 어린이 인구의 급격한 감소에 비해 증가하는 노인인구가 5배 이상인 곳도 있으며, 이처럼 노인 인구가 어린이 인구를 추월한 곳은 전국 229개 지방자치단체 가운데 154곳(67%)이나 되어 '지방소멸' 시대를 걱정해야 할지도 모른다.

불과 3년 후에는 이른바 베이비붐 세대(1955~1963)들도 노인 인구대열에 합류하게 된다. 그렇게 되면 월 20여만 원 지급되는 기초연금뿐 아니라 건강보험 등 4대 보험의 재정이 고갈될 수밖에 없고, 올해 400조 나라살림 중 32.5%를 차지하는 복지예산이 폭발적으로 늘어나 국가예산마져 불균형의 시대가 도래할지도 모른다. 더구나 이 베이비붐 세대들은 위로 조상을 모시고 아래로는 자식교육에 대부분의 경제활동을 쏟아부어 노후준비를 못 한 세대이다.

여기에 납입기간이 짧은 국민연금과 은퇴이후 일자리 부족으로 노인빈곤률이 49.6%로 경제협력개발기구(OECD) 국가 중 가장 높은 수준이라고 한다. OECD평균인 12.6%보다 4배 높으며, 세계 최장수국으로 벌써부터 노인문제를 겪고 있는 일본(19.4%)에 비해서도 2배 이상 높은 수치인 것이다. 통계청이 발표한 '고령자 통계'에 따르면 2015년의 경우 전체 고령자 중 53%는 노후준비를 못 하고 있으며, 이들 중 56.3%는 '노후준비능력 자체가 없다'고 한다. 노인자살률 역시 10만 명당 55.5명으로 OECD평균의 3배에 이르러 한국의 노인들이 가난과 함께 삶의 질에 큰 위협을 받고 있으며, 더구나 해가 갈수록 선진 의료기술 발전에 따른 수명연장으로 노인인구가 급증하게 됨에 그 심각성은 아무리 강조해도 지나치지 않을 것이다.

가장 중요한 것은 의식주를 보장하는 노후소득 안정일 것이

며, 건강유지 및 참여를 통한 최소한의 사회생활일 것이다. 이
미, 20여 년 전인 1997년부터 '인구지진' 현상을 겪은 이웃 일
본은 그 이듬해에 기업의 일자리 정년을 60세로 권장해 왔으며,
2013년에는 '고령자 고용안정법'을 개정하여 정년 65세를 의무
화하였고, 66세 이상 노인을 재고용하는 기업에게는 보조금을
지급하는 액티브 시니어 정책을 펴고 있다 한다. 저출산 문제도
있지만, 복지예산 배분의 효율성 제고와 연금 사각지대 해소,
노인 의료체계 강화와 고령자 여가문화 개발 등에 대한 확실한
장단기적 대책이 고령사회 진입을 맞아 시급히 추진되어야 할
것이다.

봉건사회와
대한민국의 현주소

　불과 며칠 전에 청와대 비서실장은 비선 지인이 대통령 연설문을 고치는 걸 두고 "봉건시대에도 있을 수 없는 일"이라고 답변하였다. 또한, 지난달 대통령은 국회 예산관련 연설에서 정부는 소중한 국민의 세금을 한 푼도 허투루 쓰지 않기 위해 막중한 책임감으로 나라살림 계획을 수립해 왔고, 그 혜택을 고스란히 국민들께 돌려드리기 위해 온 힘을 쏟아왔으며, 또한 "원칙이 바로 선 경제가 뿌리를 내려가고 있다"고 하였다. 그러면서 우리 경제가 지금 선진국의 문 앞에 서 있지만, 일부 정책의 변화 또는 몇 개의 개혁만으로는 근본적으로 당면과제를 타파하기 어려워 그 문턱을 넘지 못하고 제자리걸음을 하고 있는 절박한 상황이라고 호소하면서 불통의 대명사였던 대통령이 갑자기 헌법개정이라는 카드를 꺼냈다. 그동안 강력한 대통령제하에 여지없이 나타나던 임기 말 현상이 또다시 반복되는 것이 아닌가 하는 불길한 징조였던 것이다. 하지만 비선 실세가 연설문을 고치는 21세기 대한민국의 봉건시대 상황을 덮기 위한 국면 전환용이어도 좋고, 우국에서 발로한 충정 어린 고뇌의 결단이어도 좋다.

　역사적으로 볼 때, 수많은 국내외 대통령이나 수상 등 국가수반들의 공통점은 비선라인을 가동한다는 것이다. 또한, 대통령뿐 아니라 재벌 총수들이나 각종 단체장들로 모두 마찬가지라 할 수 있다. 차이는 그 라인의 굵기와 순수성 정도이다. 비선라인을 가동하는 공통적인 이유는 합법적인 참모들의 이권과 관련이 없는 오로지 '순수'한 제2의 여론(The Second opinion)을 구하는 것이라고 좋게 생각할 수 있다. 따라서, 이른바 '비선라인'을 두고, 이들에게 자문을 구하거나 이들을 활용하는 것이 부도덕하고 비난 받을 일이라면 이 비난에서 자유로울 지도자는 많지 않을 것이다.

　문제는 비선라인이 굵어지고 순수성을 잃으면서 각종 국정농단으로 이어지는 것이다. 특히, 혈연·지연·학연 등의 '연(緣)' 관계가 다른 어느 국가들보다 돈독한 우리 사회에서 비선라인이 국정농단으로 이어질 가능성이 매우 농후하다는 점이다. 분명한 것은, 비선라인을 통한 국정 자문과 그것을 이용한 국정 농단에 대한 비난은 분리되어야 한다는 것이다. 과거, 보릿고개 시절에 재야 생활을 오래 했던 정치인들은 주변에 많은 신세(?)를 지고 정치생활을 연명했다. 그 많은 조직들을 관리하려니 자신의 돈만으로는 턱없이 부족하여 기업인들로부터의 정치자금이 필요했을 것이며, 또한 허리끈을 졸라매며 국가수반이 될 때까지 꽤 오랜 세월 동안 이런저런 막일을 해온 가신(?)들에게도 인지상정으로 그 성의를 단칼에 무시하기도 쉽지는 않을 것이다.

어불성설이라고 할지 모르지만, 가장 깨끗한 대통령이라고 여겨졌던(?) 노무현 대통령도 386 및 운동권들의 도움을 많이 받은 것이 사실일 것이다. 그때 그 젊은이들이 모두 이제는 대통령이 되었으니 생업으로 돌아가자고 했을까? 전두환, 노태우 대통령은 퇴임 후 감옥에 갔을 뿐 아니라 역대 대통령과 관련하여, 동생 전경환, 친인척 박철언, 김현철 소통령, 차남 김홍업, 봉화대군 노건평 그리고 영포대군 이상득 등이 모두 강력한 대통령제하의 임기말에 불거진 대한민국의 안타까운 단상이 아닌가 한다.

지난 10월은 우리나라가 경제협력개발기구(OECD)에 가입한 지 20년이 되는 달이다. 그간 우리 경제는 선진 채권국 모임인 파리클럽에 가입했을 뿐 아니라 세계경제 10위권에 달하여 괄목할 만한 정도로 성장했지만 2006년에 1인당 국민소득 2만 달러 진입 이후 10여 년째 3만 달러를 돌파하지 못하고 있다. 주요 선진국들의 경우 5~6년 정도였던 점을 감안하면 대체로 만성 성장정체의 함정에 빠지는 것은 아닌지 심히 우려되는 것이다.

이제 우리 경제는 선진국 추격형 프레임에서 리더형/창조형 프레임으로 전환해야 한다. 그러기 위해서는 정치, 경제, 사회, 문화 등의 모든 세부요소들이 상승작용을 하도록 해야 한다. 강력한 대통령제가 발목을 잡기보다는 리더형 경제프레임을 구축할 수 있도록 하는 구조로 바뀌어야 한다. 지난 2012년 대통령 취임 시 내걸었던 '국민 행복시대'라는 캐치프레이즈가 '순실 행복시대' '국민 불행시대'가 되지 않고 하루속히 1인당 국민소득 3만 달러를 창출할 수 있는 권력구조가 되기를 기대한다.

브렉시트(Brexit),
신고립주의인가?[6]

    이른바, 브렉시트(Brexit)를 두고 신고립주의의 서곡이라며 세계 주요국의 금융시장이 휘청거렸다. 투표 전날까지만 해도 불안하긴 했지만 세계 언론들은 간발의 차이로 그래도 잔류를 택하는 결과가 나올 것이라 낙관했으며, 대부분의 이해관계자들도 그렇게 믿고 있었다. 그러나 우려가 현실이 되었고 이튿날 세계 주식시장에서는 시가총액 2346조 원이 순식간에 날아갔다. 엘리자베스 2세 영국 여왕이 저녁식사 자리에서 "영국이 유럽의 일부여야만 하는 이유 3가지를 대라"고 한 말이 근소한 차이를

---

6. 2016년 6월 23일, EU연합 회원국인 영국에서 EU를 탈퇴하고자 하는 브렉시트 국민투표가 실시되었는데, 그 결과는 126만 여 표 차이로 EU 탈퇴가 가결되었다. 그 후, 2018년 11월 25일 영국의 EU 탈퇴 방식과 조건을 담은 브렉시트 합의안이 공식 서명되었으며, '노 딜 브렉시트'의 우려 끝에 2020년 1월 9일 마침내 영국하원에서 브렉시트 시행법안이 통과되고, 29일 유럽의회 본회의에서 영국의 유럽연합 탈퇴 협정이 가결, 브렉시트가 확정됨에 따라 1월 31일 영국은 EU에서 탈퇴했다.

뒤집는 촉매가 되었다는 여담은 믿고 싶지 않다. 문제는 이런 흐름이 영국에만 국한되지 않고 앞으로 넥시트(Nexit, 네덜란드), 옥시트(Auxit, 오스트리아), 프렉시트(Frexit, 프랑스)를 넘어 EU붕괴를 우려하는 상황이다. 금융위기와 난민수용 문제 등으로 EU에 불만이 컸지만 탈퇴 공론화를 망설이는 몇몇 회원국들에게 빌미가 주어졌기 때문이다.

그러나 충격의 진앙지인 영국증시는 당일 개장 직후 8% 폭락했다가 낙폭을 줄이는 등 세계주요국들의 증시는 과거 리먼 브러더스의 파산 등 돌발상황이 발생했을 때 5% 이상 폭락하던 패닉을 보이지는 않았다. 아직까지는 브렉시트가 당장 세계경제에 치명타를 가할 정도는 아닌 것처럼 보인 것이다. 그러나 이것은 지난 수십 년간 세계사적 흐름이던 글로벌화가 퇴색해가는 징조이며, 과거 위기와는 달리 글로벌화와 국경 없는 무역을 통한 세계 공동번영이라는 지금까지의 글로벌 경제질서에 대해 근본적인 의문을 제기하는 서막이 아닌지 우려되는 것이다.

아마도 이번 브렉시트로 촉발된 신고립주의가 기존 경제질서에 대한 도전이 되어 EU의 다른 국가들이나 미국 등으로 확산된다면 향후 다가올 글로벌 실물경제의 침체의 늪은 생각보다 훨씬 깊고 오랫동안 지속될지도 모른다. 브렉시트는 그저 단초였으며 빙산의 일각이었고, 반글로벌화·신고립주의·보호무역주의가 팽배하여 세계경제에 만성 경제위기를 불러올지도 모를 일이다.

유사 이래, 군사·경제 등 세계질서는 세월의 흐름에 따라 장단이 있겠지만 변하는 것이 자연의 이치이다. 만약, 브렉시트가 이와 같이 기존의 글로벌 경제질서를 변경시키는 단초가 된다면 무역 의존도가 매우 높은 우리나라로서는 걱정스러운 일이 아닐 수 없다. 이번 브렉시트의 가장 큰 원인은 EU 결성으로 인한 이민자 증가와 그에 따라 일자리, 복지가 위협을 받는다는 '반 이민' 정서라지만 그 정서의 더 뿌리 깊은 내면에는 영국 내부의 빈부격차가 있다는 사실도 설득력을 얻고 있다. 철의 여인이었던 대처 수상 이래 개혁·개방정책으로 영국은 발전을 거듭했으나 이 과정에서 소외된 런던 시민들이 분노를 터뜨렸다는 것이다. 이와 같은 현상은 상위 20%가 전체 자산의 85% 이상을 차지하고 있는 미국에서도 마찬가지여서 경제적 약자나 낙후지역 유권자들이 똘똘 뭉쳐 몰표를 던지는 이른바 '트럼프 열풍'을 만들어내는 것이 아닌가 한다.

우리나라는 그동안 글로벌 경제환경에 적극적으로 부응하여 많은 후발 개도국들의 벤치마킹 국가가 되었으며, 오바마 미국 대통령도 연설기회마다 언급하는 세계 리딩 국가로 발전한 것이 사실이다. 그러나 햇볕이 강하면 그늘도 깊게 드리우는 법이라 짧은 기간 동안의 많은 발전은 여러 가지 그늘을 만들었다. 현재, 노인빈곤율이 OECD국가 중 최악이나 개선의 여지가 없고,

대학생 등 청년들이 취업처를 찾지 못해 졸업생이 아닌 휴학생을 양산하는 환경이다. 이미, 30%가 넘은 비정규직의 일자리는 해가 갈수록 더 늘어나는 데 비해, 소수의 부유층은 그들의 특권을 이용해 그들만의 부를 더 축적해 가고 있다. 매년 3% 내외의 낮은 경제성장률이지만 그나마 이 3% 성장분도 대부분 근로자가 아닌 경제적 특권층으로 배분되는 것이 현실이다. 더 안타까운 것은 폭스바겐 자동차가 세계 주요국에서는 판매가 곤두박질치는데 유독 한국에서만 잘 팔린다는 사실이다. 사회 전체의 이익보다는 당장 눈앞의 내 이익만 챙기는 '나' 중심 이기주의 성향이 월등하게 높다는 것이다.

브렉시트는 글로벌 경제환경을 국가주의로 전환시키는 터닝 포인트가 될지도 모른다. 자원이 절대적으로 부족한 우리나라로서는 '내 이익'보다 '사회이익'을, 그리고 양극화 해소 및 공정한 배분 등을 통한 사회단합으로 보다 성숙한 민족의식이 탄생하길 기대한다.

국민소득
3만 달러의 벽

 1인당 국민소득이 3만 또는 4만 달러가 된다면 행복할까? 그렇다. 일반적으로 국민소득이 높은 나라는 경제적으로 부유하며, 선진국들이 여기에 속한다. 우리나라의 경우 1인당 국민소득이 2006년에 첫 2만 달러대(2만 823달러)에 첫 진입한 후, 아직까지 11년째 그 벽을 넘지 못하고 있다. 이전의 주요 선진국들의 국민소득 2만 달러대에서 3만 달러대 진입시기가 5~6년 정도였던 것을 감안하면 상대적으로 늦은 것은 물론 성장정체로 중진국 함정에 빠지는 것이 아닌가 하는 우려가 나오기도 한다.

 1인당 국민소득은 국가의 총생산(GDP)을 전체인구수로 나눈 것이며, 총생산(GDP)은 총소비(C) + 총투자(I) + 정부지출(G) + 무역수지(R)이다. 따라서, 1인당 국민소득 3만 달러 달성을 위해서는 기본적으로 경제주체들의 총소비를 늘리거나, 기업이 투자를 많이 하도록 하거나, 무역수지 확대 그리고 정부의 지출을 늘려야 한다. 그러나 단순하지가 않다. 수년 전 4대강 사업에 수십조 원을 퍼부어 총소득은 증가했으나 소수 기업체의 배만 불렸다. 즉, 경기둔화로 기업들의 저축률 증대 내지 현금보유는 늘렸을지언정 투자 확대나 소비주체인 가계로의 전이는 미미했던 것이다. 공해처리, 세월호 사고처리, 메르스 사태 등을 처리하는 비용도 GDP에 잡히는 반면, 시장에서 거래되지 않는 것은 GDP에 포함되지 않는다. 가정주부의 가사노동이나 집에서 정성들여 만든 음식은 GDP에 잡히지 않지만 음식점에서 사 먹게 되면 잡힌다.

또한, 1인당 GDP는 평균개념이다. 어느 시골마을에 재벌 한 사람이 이사왔다면 이 마을 평균재산은 엄청 높아지겠지만 마을주민 모두가 부자는 아닌 것이며, 오히려 상대적 박탈감으로 더 불행을 느낄지도 모르는 것이다. 즉, 사회가 시장 경제화되면 될수록 그 사회의 GDP는 올라가게 되지만, 1인당 GDP가 크다고 해서 그 사회 전체가 꼭 행복해지는 것은 아닌 것이다. 따라서, 중요한 것은 GDP를 늘려 하루속히 3만 달러, 4만 달러에 이르는 것이며, 그 과정에는 반드시 소득계층에 따른 재분배와 기업과 가계 간 소득비중도 적정하게 배분되도록 하여 기업의 투자도 촉진하고 가계의 소비도 늘리도록 해야 하는 것이다.

작년의 경우, 각국의 GDP는 유가하락 등에 따른 세계경제의 불안으로 많은 국가들이 하락하였으며, 특히 일본의 경우 아베

노믹스 등 처방을 하였음에도 불구하고 끝없이 추락하여 전년대비 15% 정도가 감소하였다. 우리나라도 예외는 아니어서 세월호 사고 및 메르스 사태 등에 의한 경기침체로 전년도 대비 약 4% 정도 하락하였지만 타국에 비해 상대적인 순위상승으로 전년보다 2계단 상승하여 11위에 올라 러시아와 호주를 앞지르는 결과를 나타내었다. 이와 같은 GDP 정체현상은 경기침체나 환율 등에도 절대적으로 영향을 받지만 더욱 중요한 것은 결국 다이내믹한 경제성장일 것이다.

1인당 GNP 4만 달러를 달성한 세계 22개국을 분석한 결과, 1인당 GDP 2만 달러~4만 달러 기간 중 연평균 3.6%의 성장률을 기록한 반면, 2만 달러 달성 이후 그렇지 못한 19개국은 연평균 성장률이 1.6% 성장률에 그쳤다고 한다. 우리나라는 '07년 1인당 GDP 2만 달러를 달성한 후 '12년까지 연평균 2.9% 성장률을 기록하여 다소 아쉬움을 자아내고 있다. 작금의 전반적인 경제정책은 단기부양보다 장기 성장잠재력을 높이는데 맞춰야 할 것이며, 기업 구조조정, 규제개혁, 내수산업 육성 부문에서 지금보다 훨씬 과감하고 종합적인 대책이 필요할 것이다. 특히, 무역의존도가 심한 우리 경제 체질상 든든한 내수시장을 키우는 것이 필요하며, 내수시장을 키우는 가장 좋은 방법은 가계소득을 끌어올리는 것이라고 할 수 있다.

모 경제연구소의 자료에 따르면, 경제성장률 수준이 3%대

중반을 유지한다고 가정하면 2021년에 4만 달러를 돌파하고, 2024년에 5만 달러에 달할 수 있다는 예측자료를 내놓고 있다. 소득 3만 달러 시대는 온 국민이 기대하고 바라는 우리의 지상 과제 중 하나임에 틀림없다. 유럽이나 미국 등 선진국들처럼 소득 3만 달러가 되어서 새마을운동 이후 우리도 다시 한번 모두가 잘살아 봤으면 하는 바람이 은근과 끈기를 미덕으로 간직하고 있는 우리 맘속에 있지 않나 생각한다. 하루속히, 인생세간 기본의 의식주 문제에서 동, 식물 등 자연세계와 함께하는 여유로운 생활상이 TV에 방영되는 날이 오기를 기대한다.

다문화 사회

　모 방송사의 TV프로그램 중 시어머니와 외국 며느리 간의 갈등을 그리는 장면이 있다. 외국 며느리의 친정나라에 가서 이것저것 경험하며 갈등을 풀어가는 과정을 그린 즐겁지만은 않은 프로그램이다. 왜 이런 안타깝고도 아슬아슬한 프로그램이 편성되어야만 했을까? 그 기원은 크게 두 갈래, 즉 우리의 오랜 역사와 경제현상에서 찾아야 할 것 같다. 가부장적 유교사회였던 우리 사회에 깊이 뿌리박힌 남아선호사상이 남녀성비의 불균형을 초래하였으며, 게다가 '사람은 서울로 보내고 말은 제주로 보내라'는 도시 지향적 사고로 농어촌을 기피하는 이촌향도(離村向都) 성향이 '시골농부의 아내 찾기'를 유발하기에 이른 것이다. 또 하나는 새마을운동부터 시작된 우리의 '잘살아보세'가 어느 정도 성과를 거두게 되면서 이른바 3D를 기피하게 되자, 1993년 산업기술연수제도가 시행되면서 중국, 동남아 등의 외국인 신부와 산업연수생들이 물밀듯 들어오게 되어 소위 '다문화'라는 단어가 보편화된 것이다.

'다문화'에 대한 사전적 의미는 한 사회 안에 여러 민족이나 여러 국가의 문화가 혼재하는 것을 의미하지만 활용적 의미로 재정의하면 둘 이상의 문화가 서로 섞여 있는 사회에서 차별이 없는 것을 의미한다. 또한, 인구구성비로 볼 때에는 한 나라의 전체 인구에 대한 외국인의 비율이 5% 이상일 때 다문화사회로 정의한다.

2015년 1월 1일 현재 우리나라에 거주하는 외국인 수는 174만 명을 넘어 전체 주민등록인구(5133만 명)의 3.4%에 달하고 있으며, 과거 10년 사이에 3배 이상 증가했다고 한다. 또한, 우리나라의 국제결혼 비율이 10%에 이르고 있으며, 농·어촌 지역의 경우 그 비율은 훨씬 높아서 30~40%에 달해 Kosian(Korean+Asian)이라는 신조어를 출현시키기에 이르렀다.

이들 외국인들이 쓸쓸하고 고령화된 농촌사회에 활기를 불어넣은 것은 물론이고, 3D분야 등에 대한 인력난 해소와 다양한 문화를 접하게 하는 등 우리 사회에의 긍정적 기여를 했음을 부인하지 못할 것이다. 그러나 비교적 짧은 기간에 진행되다 보니 문제점도 많은 것이 사실이어서, 언어소통·문화적 갈등·편견과 차별·이주민 집단의 세력화 등이 생각보다 심각한 것이 사실이다. 더구나, 매년 7천여 명씩 꾸준히 증가하여 현재 전체 학생의

1%를 차지하고 있는 다문화 학생들이 10~15년 후 주류사회에 편입될 때 어떤 혼란을 야기할지 아무도 모른다.

　이제 우리는 폐쇄적 순혈사회와 다문화사회에 대한 근본적인 고민부터 해야 하며, 그에 대한 인식을 확실하게 해야 한다. 과거 일제 때 국채보상운동이나 IMF 때 장롱 속 금 모으기 운동 등은 순혈에 따른 민족주의의 산물이었다. 그러나 2007년 8월 유엔 인종차별철폐위원회는 한국의 단일민족주의와 순혈주의가 인종 차별주의를 야기할 수 있다면서 다인종적, 다문화적 가치를 권고하는 등 전 세계가 다문화시대로 가고 있는 이 시점에 우리만의 국수주의와 순혈주의를 고집한다면 우리 스스로 다른 나라들로부터 고립될 수도 있다고 지적했다. 90년대 초반에 진행된 산업기술연수생과 시골농부 아내 찾기가 어쩔 수 없이 진행된 사업이고 또한 현재진행형이라면 이 시점에서 향후 총량에 대한 정책적 목표가 확실하게 있어야 할 것이며, 또한 우리나라 다문화사회의 현주소가 어디인지 한 번쯤 되짚어 볼 필요가 있을 것이다. 더구나 우리나라의 다문화사회화 속도는 100여 년 이상을 거친 다른 선진국들의 다문화사회 형성 기간과 비교해 볼 때 매우 빠르게 진행되고 있어 그에 따른 사회 변화 현상도 그야말로 압축적으로 나타나고 있다.

　우리나라 다문화 가정의 문제점과 대책도 중요하지만 거시적 관점에서 머지않아 우리 사회의 현안으로 대두될 사회통합에 대해서도 깊이 고민해보아야 한다. 특히, 이들 이주민들의 국내거주지가 국내의 산업 및 문화 인프라에 영향을 크게 미치는 바, 이주민의 63.1%가 수도권에 집중되고 있으며 전국 77개 시 중 이주민 비율이 5%가 넘는 12개 다문화도시 가운데 포천시 155,798명(9.9%)와 양주시 202,072명(5.1%)가 포함되어 있어 이 문제에 대해 관심을 기울여야 한다고 본다.

다문화의 핵심은 한 사회나 국가 안에서 각기 다른 여러 문화가 존재한다는 사실을 인정하고 각각 서로 다른 문화의 고유가치를 존중할 수 있도록 하는 것이다. 우리만을 고집하지 않고 인종과 국적에 관계 없이 상이한 언어와 낯선 문화를 가진 여러 나라 출신의 다양한 인종들을 포용하고 더불어 살아가는 것이 일상적인 생활이 되어야 한다는 것을 의미한다.

우리 사회는 언제부터인가 경제적으로 좋아지면서 어렵고 힘든 일자리는 어느덧 외국인의 몫이 되어 버렸고, 돈만 있으면 얼마든지 후진국의 여성을 아내로 맞이할 수 있다는 그릇된 생각이 자리하고 있다. 이제, 다문화사회 문제는 피할 수 있는 문제가 아니라 우리가 안고 풀어가야 할 가장 중요한 당면과제 중 하나이다. 우리와는 다른 '그들'이 아니라 함께하는 '우리'로서 공존하는 인간 존중의 보편적 가치를 키우는 것이 우리가 지금 냉철하게 풀어야 할 과제가 아닌가 한다.

한국경제,
괜찮은가?

    새해 첫날, 떠오르는 태양은 작년과는 달리 한반도 도처에서 기다리던 해돋이 인파들에게 뚜렷한 모습으로 꿈과 희망의 첫 인상을 심어줬다. 지난해 말, 무디스는 우리 경제의 신용등급을 Aa2로 상향조정하여 한중일 3개국 중 최상위에 랭크시켰으며, 물가상승률은 사상 최저인 0.7%를 기록했고, 무역수지 역시 사상 최고인 904억 달러를 기록했을 뿐 아니라 프랑스를 제치고 세계 6위에 등극했다는 반가운 소식이다. 그러나 유가하락 및 경기부진이 구매력을 감소시켜 물가상승 억제의 힘을 잃었고, 무역규모는 전년 대비 1,320억 달러나 감소하여 4년 만에 1조 달러대가 깨졌다는 무거운 소식도 함께 발표되었다.

    국내 주요 대기업 CEO들과 경영·경제학자들이 체감하는 우리 경제의 현실은 절체절명의 위기를 1시간 앞둔 11시를 가리키고 있으며, 로치 예일대 교수는 "한국의 경제 위축은 세계 경제환경을 인지하지 못한 수출주도 국가의 대표적 실패 사례"라고까지 지적했다고 한다. 한때, '한강의 기적'이라고 칭송되었던 우리나라의 경제는 이처럼 어두운 구름이 드리운 형국이다. 과거, 1981년 2차 오일쇼크와 1997년 외환위기 그리고 2009년 글로벌금융위기 등을 겪으면서 비교적 슬기롭게 극복한 편이지만 부존자원이 절대적으로 부족한 우리 경제가 같은 방식으로 위기를 계속 극복하리라는 보장은 없는 것이다. 경제위기는 크게 관리가 쉽지 않은 대외요인과 상대적으로 관리 내지 통제 가능한 대내요인으로 구분할 수 있을 것인바, 글로벌 경기침체와 저유가 같은 대외요인들은 경쟁대상인 세계의 여러 나라들에 공통적으로 작용한다는 것을 감안하면 경제구조나 정책상 오류 등 위기를 부르는 내부요인이 더 위험한 요인이다. 세계 경제전쟁에서의 뒤처짐은 물론 그 잘못을 감지하기가 쉽지 않을뿐더러 감지했을 때는 이미 그 치유시기를 놓치게 되어 일본의 '잃어버린 20년'과 같은 장기불황에 빠져버리기 때문이다.

그렇다면 이 시점에서 반드시 되짚어 봐야만 하는 대내요인들은 무엇이 있을까? 우선은 사회통합에 의한 시너지효과의 극대화와 역동성 회복이다. 소득과 고용기회에서 비정규직을 양산하거나 경제성장의 열매가 골고루 분배되지 않아 소득 상위계층 10%가 순자산의 43.7%를 차지하는 등으로 인해 빈부 계급투쟁까지 걱정해야 할 판이며, 젊은이들 사이에선 '헬조선' '흙수저'

라는 비속어까지 난무하고 있는 실정이다.

두 번째는 기업의 수출여건 강화 요인이다. 국토면적이 작고 부존자원이 절대적으로 부족한 국가는 경제활동의 많은 부분을 수출증대에 의한 무역수지 극대화에 의존할 수밖에 없다. 몇몇 대기업 위주에서 많은 수의 강소기업 중심으로 경제체질을 재편할 필요가 있으며, 또한 고부가가치 창출이 가능한 신제품 개발에 집중해야 한다. 우리나라의 GDP 대비 R&D 투자 비중은 세계 1위(4.15%)라고 하지만 근시용인 이른바 반도체·전자·자동차 등 3개 산업에 집중되어 있다.

세 번째로, 가계부채 문제이다. 우리나라 가계부채는 2012년에 1000조 원을 넘어선 이후, 작년 중반에 1130조 원을 넘어섰다. 규모의 급증도 문제지만 가계부채 수준이 소득 수준에 비해 월등히 높다는 점이 더 큰 문제이다. 이로 인해, 금리인상이나 경기침체 등에 의해 채무불이행 사태가 발생한다면 금융기관들의 연쇄 충격과 함께 국내 산업활동이 마비될지도 모른다. 어쩌면 90년대 후반 IMF보다 더 광범위하고 큰 충격이 그동안 쌓아온 공든 탑을 무너트릴지도 모른다.

마지막으로, 언젠가는 이루어질 통일에 대한 준비가 필요하다고 본다. 통일 후 상당 기간 동안은 분배상의 혼란과 경제격차에 의해 1인당 GNP 등은 감소하겠지만 장기적으로 보면 생산가능인구나 부존자원 그리고 경제 규모상으로 볼 때, 어쩌면 '한강의 기적'에 버금가는 가장 큰 모멘텀이 될 수도 있다고 본다. 이를 위해, 국가(예산) 차원에서 통일 후의 경제상황 전개에 필요한 기금을 지금부터 준비할 필요가 있을 것이다.

김정은 국무위원장이 신년사에서 정치, 군사보다 경제를 먼저 언급한 것은 그만큼 작금의 경제상황이 중요함을 의미한다. 한때 세계문명의 발상지였던 그리스는 작년 증시상승률이 −25.9%로 세계최하위를 기록했으며, 세계 최고층 건물을 자랑하며 호황을 구가했던 카타르 등도 저유가라는 직격탄을 맞고 −16% 대로 추락하는 등 변화무쌍한 것이 세계사이다. 세계사에 각인된 '한강의 기적'이 더 이상 대표적 실패사례로 경제학자들의 입에 회자되지 않고 긍정의 DNA가 되도록 현 시점에서 다시 한번 깊이 생각해 볼 필요가 있다고 본다.

인류사회,
그 현실과 미래

　며칠 전, 세계적인 컴퓨터 갑부인 빌 게이츠가 "오직 사회주의만이 지구를 지킬 수 있다"고 하여 깜짝 놀랐다. 다행히도, 이즘이 아니라 기후변화에 관한 발언이었다. 지구온난화는 열 함량과 산소수준을 변화시켜 2050년이 되면 물고기의 크기를 지금보다 평균 24% 작게 만들 것이란다. 영국 노팅엄대 크리스토퍼 바넷 교수는 2025년이면 물 수요가 공급을 초과하는 피크워터(peak water)가 발생하고, 2030년경엔 석유 매장량이 부족해지는 피크오일(peak oil)이 올 것이라고 주장하면서, "이른바 '피크 에브리싱(peak everything)'의 시대가 곧 올 것"이라고 경고한다.

　작년 5월 개봉됐던 영화 '트랜센던스'에는 과학자의 뇌를 컴퓨터에 결합시켜 만든 초지능 슈퍼컴이 전 세계 데이터베이스를 흡수하여 불치병까지 고치는 등 혁신적인 기술발전으로 모두를 환호시키는 듯하다가 방대한 데이터망에 접속하여 끊임없이 자기를 복제하고 스스로 진화해 결국 인류에게 위협적인 존재로 전락해버렸다. 이처럼, 우리가 마주하는 현실은 생각보다 빠르게 변화해가고 있다.

우리는 이 현상들을 그저 '세상은 변화하는 게 현실이니까'라고 간과해선 안 될 듯하다. '현실'이란 무엇인가? 현재 실제로 존재하는 모든 일이나 상태를 말한다. 그런데 그 '현실'이라는 개념이 정보기술을 등에 업고 나무처럼 자라서 이른바, '가상현실'(Virtual Reality)과 '증강현실'(Augmented Reality)이라는 새로운 플랫폼으로 등장하고 있다.

가상현실은 인식된 세상이 모두 컴퓨터가 만들어 낸 현실로 아직까지는 완성도가 떨어지지만, 증강현실은 컴퓨터가 만들어 낸 가상의 현실이 자연적 현실과 결합된다는 차이가 있다. 머지않아 슈퍼컴 등과 같은 기계들이 강한 지능을 갖게 되면 아마도 대부분의 사람들은 온라인에서 가상현실로 체험할 수 있는 초능력을 경험하게 되고, 인간으로서 단순히 살아 숨 쉬는 것보다 발달한 인공지능의 한 형태를 활용하면서 이게 꿈인지 현실인지 구분하기 힘든 유토피아 환경 위에 놓일 수도 있을 것이다. 하지만 컴퓨터가 끊임없이 자기를 복제하고 진화해 결국 인류에게 위협적인 존재로 전락해버리거나 기계가 모든 걸 다 한다면, 일을 하도록 창조된 아담과 이브의 자손인 우리들은 무엇을 할까? 기계의 인공지능이 강해지는 순간 현존하는 직업의 47% 정도가 사라질 수 있으며, 전 세계 제조 및 서비스 직종에서 4000만~7500만 명의 일자리가 대체될 것이라는 전망도 있다. 내가 지금 하고 있는 일자리도 과연 유지될 수 있을까 걱정하게 만든다. 사라지는 일자리는 주로 정보처리 관련 일자리로 임금 스펙트럼상 중산층에 위치하는 일자리들이겠지만 전문직도 예외가 되지는 않을 전망이다.

그렇다고 이 기계들의 똑똑해짐을 막을 수 있을까? 영화 '터미네이터'에서는 최종적으로 인간이 기계를 조종했지만, 이미 기계와 인간의 일자리 전쟁은 시작되었다. 현재의 글로벌 경쟁환경 하에서 인류의 파멸을 초래하는 핵개발 금지도 어려운데, 단순한 신기술 개발 금지는 어불성설이다. 이미, 학습을 통해 기계가 스스로 판단 능력을 가지도록 하는 '딥러닝(deep learning)'이라는 기계학습 기술이 등장했으며, 작년 6월에는 튜링테스트(인공지능 평가)를 통과한 최초의 슈퍼컴도 나왔다. 이제는 산업혁명과 정보혁명으로 인류의 생활상이 크게 변했듯이 인공지능이 모든 것을 변화시킬 것이라는 점을 염두에 두고 이에 대한 대비를 추진해야 할 시점이다.

레이 커즈와일은 인공지능이 인간 수준에 도달하는 시점을 2029년으로 예견하고 있다. 어쩌면 2030년쯤에는 지구 밖 외계인이 아니라 우리들 코앞에서 만들어지는 외계인을 맞을 준비를 해야 할지도 모를 일이다.

그리스 사태의
교훈[7]

'올림픽의 발상지' 하면 그리스가 떠오른다. 헤라 신전에서
여신들이 성화 채화하는 모습을 TV에서 종종 보게 된다. "악법
도 법이다"라고 한 그리스의 철학자 소크라테스를 모르는 이는
없다.

그리스는 유럽에서 1929년부터 1980년까지 연평균 경제성장
률 2위의 경제 모범국가였다. 이런 그리스의 아테네 광장에서
지난달 시민들은 채권단의 자구조정 요구안에 대해 '오히(OXI·
반대)'를 외치며 불꽃을 쏘아 올렸다. 그러나 며칠 뒤 그리스는
부가세율을 23%로 인상해야 하고, 국방비를 대폭 축소하며, 연
금개시 연령을 67세에 하겠다는 등의 뼈아픈 재정개혁안을 들

---

7. 그리스가 2015년 7월, 선진국 중 처음으로 1945년 IMF 창설 이래 채무 15억 유로(1
   조 9천억 원)을 상환하지 못함으로써 국가부도 상황에 직면하는 사태가 발생함. 그동안
   IMF 채무를 갚지 않은 나라는 짐바브웨, 수단, 쿠바 등 개발도상국밖에 없었음.

고 채권단에 3차 구제금융을 구걸해야만 했다.

현재 그리스의 경제상황은 심각한 수준이다. 그리스 상공회의소 등이 집계한 결과에 따르면 지난해 1만 개 이상의 기업체가 도산했고, 2만 3천여 명이 일자리를 잃어 실업률이 17%에 육박한다고 한다. 수도인 아테네 시내 곳곳에선 영업중지로 문 닫는 가게가 속출하며, 사 가는 사람은 물론 윈도 쇼핑하는 손님조차 구경하기 힘들다고 한다. 그리스의 대표적인 산업인 해운업은 세금이 거의 없을 정도여서 세수가 적고, 그나마 활성화된 관광산업은 25% 정도가 지하에 숨어 탈세의 온상이 되고 있으며, 제조업이 빈약하여 국가 재정수입이 턱없이 모자란다. 그 결과, 그리스의 국가부채는 수차례 탕감에도 불구하고 2014년 말에 3,173억 유로로 GDP 대비 177.2%로 급증하여 상황여건 등이 개선되지 않을 경우 이자 상환조차 어려워지는 '부채의 함정(debt trap)'에 빠질 수도 있어 보인다. 2014년 말 외환보유액도 19억 달러에 불과해 유로존을 탈퇴할 경우 만성적인 외환위기를 불러올 수도 있는 상황이어서 진퇴양난에 처한 딱한 처지이기도 하다.

이유를 막론하고 참으로 안타까운 일이다. 그리스의 위기는 아이러니(?)하게도 명문 하버드대학에서 경제학을 전공한 파판드레우 총리 시절(1981년)부터 시작됐다고 한다. 포퓰리즘인지는 확실치 않으나 국민이 원하는 것을 모두 수용하는 정책을 폈다.

이를 위한 공공서비스 부문 확장으로 과도한 공무원 채용과 함께 이른바 '골든 보이(golden boy)'라고 불릴 만큼 그들에게 풍성한 복지혜택도 얹어주었다. 임금 대비 연금액 수령 비율이 무려 95%로 퇴직 전후 임금변화가 없을 만큼 고액연금을 지출하였으며, 또한 그리스 증시에서 시가총액의 22%를 차지하던 최대기업이 본사를 스위스로 옮길 만큼 기업의지를 꺾는 반기업 정서에 생산성을 초과한 과도한 임금인상, 이 외에도 무상 의료비와 교육비 지출을 함으로써 50년간 모은 재산이 8년 만에 소진돼 버렸다고 한다. 그 뒤 총리가 바뀔 때마다 수차례 대규모 복지개혁을 시도했지만 어려움에 처한 현재도 긴축에 반대하는 것처럼 그동안 후한 종합복지에 길들여져 있는 국민정서를 혁신하기에는 역부족이었던 것이다.

이런 그리스가 구제금융개혁법안 통과 조건부이긴 하지만 세 번째 구제금융을 받아 소생하게 됐다. 하지만 국내총생산(GDP) 중 서비스산업 비중이 81%나 되고, 수입이 수출의 1.75배에 달하는 허약한 산업기반에 긴축을 극도로 꺼리는 국민정서를 가진 나라가 옛 명성을 되찾을 수 있을지는 장담할 수 없다.

1997년에 갑자기 IMF의 구제금융을 경험한 바 있는 우리이지만, 옛날 화려한 문명국가였던 그리스가 힘없이 조롱당하는 것을 교훈 삼아야 하며, 통일에도 대비해야 할 것이다. 2008년, 세계 500대 기업 중 15개를 차지했던 한국이었으나 작년 7월에는

6개, 그리고 금년 7월에는 2개로 줄었다. 기업의 고령화가 사회 전반의 고령화보다 빠르게 진행되고 평균수명이 길어짐에 따라 차장직급 인원이 사원직급보다 많은 가분수형 구조라 한다. 주 인력층의 고령화로 인건비 부담이 증가하니 신규채용은 줄게 되고 청년들은 갈 곳이 없어진다. 일거리를 못 찾아 한집 건너 커피하우스가 있으나 신통치 않다. 복지를 처음 제창한 나라는 영국이지만, 그리스와는 달리 확실한 개혁을 통해 극복함으로써 2014년 경제성장률이 G7 중 최고의 성과를 거두었다. 우리도 4대 개혁을 확실히 추진하여 기반경제를 튼튼히 할 수 있는 모멘텀을 만들고 통일에도 대비하는 큰 그림을 그려야 한다.

이제, "惡法도 법"이라며 독배를 받아들인 소크라테스의 자손들은 아침을 독일빵 체인점에서 사고, 오스트리아 브랜드에서 주유를 하며, 영국 브랜드인 테스코에서 장을 보아야만 한다고 한다. 지난 7월 말 확성기 방송사태로 준전시상태일 때, 우리의 아들들은 전역을 보류하면서 나라를 지키고자 하는 애국심을 보여주었다. 이 아들들에게 선물은 아닐지라도 재앙을 남겨서야 되겠는가?

서울시
의정부구(區)!?

어느 날 비가 오는 캄캄한 밤 10시경, 의정부 경전철의 앞칸에 탑승했다. 그런데 놀랍게도 밖은 칠흑같이 어두운데, 운전기사와 승무원은 물론 앞을 비추는 라이트조차 없음을 보고 깜짝 놀랐다. 신기했지만 최소 두 사람 일자리를 컴퓨터에게 빼앗겼고, 사람이 살아가기가 더 어렵겠구나라는 왠지 섬뜩한 생각이 스쳐갔다. 모든 것이 경쟁이라고 해도 과언이 아닌 세상이다. 도시도 마찬가지이다. 요즘 대부분의 도시들은 지방자치제 및 글로벌화로 인해 국경 없는 공간재편 현상이 가속화되면서 투자자, 기업, 관광객을 유치하여 도시발전의 기반으로 삼기 위해 치열한 경쟁을 벌이고 있는 실정이다.

오랜 세월 동안 서울의 위성도시로서 침상도시의 성격이 강했으며, 미군부대를 비롯한 군사시설과 함께 그린벨트에 묶여 상당한 제한을 받아왔던 의정부시도 '행복특별시'라는 도시브랜드를 개발해 표장등록까지 출원하면서 민관이 합심하여 노력한 결과 괄목한 만한 발전을 이룬 것도 사실이다. 차량소통은 물론 보행자가 걷기도 힘들고 악취와 쓰레기 등으로 도시미관을 심하게 훼손했던 포장마차촌을 철거해 양지공원을 조성하여 시민들에게 휴식공간을 제공했고, 하천오염의 대명사로 불리던 중랑천과 부용천의 수질개선 및 미화작업으로 수만 마리의 잉어(?)가 입주한 지 오래이다. 시청 뒤 서부지역에는 생태공원인 직동공원을 그리고 동부지역엔 추동공원을 조성함은 물론 중앙로를 차 없는 거리로 개편하여 공연장, 분수대, 각종 시민편의시설을 구축함으로써 보다 여유 있는 삶의 공간으로 탈바꿈시키기도 하였으며, 확 바뀐 의정부 민자역사와 대형 쇼핑몰 등은 여느 지자체 이상의 성과라고 봐도 손색이 없을 것이다. 거기에 경기도 제2청사, 제2경찰청사, 제2교육청사 등 행정기관이 뒷받침되고 있으니….

그럼에도 불구하고, 수도권에서 세 번째로 시 승격이 되었던 의정부시의 집값은 경기도 내에서 바닥 수준이며, 인구순위 역시 43만여 명으로 11위에 그치고 있다. 사람이 살아가는 데에 제일 큰 영향을 미치는 외부 요인인 주거환경이 좋지 않다는 것임을 의미하거나, 전술한 바와 같이 주거환경이 많이 개선되었음에도 미처 사람들이 알아보지 못하는 것일 수도 있다. 따라서, 개선의 지속적 노력을 경주해야 하는 한편 외부에 알리는 것이 중요하리라 여겨진다.

 의정부는 수도 서울과 접해있는 서울시 의정부구(區)로서, 다양하고 거대한 소비시장을 겨냥한 발전전략이 가능하며, 경기 북부의 정치, 경제, 사회, 문화 및 교통의 중심지이기도 하다. 한편, 지정학적으로는 서울의 매연이나 체증 등에서 벗어나 서울시 의정부구가 아닌 의정부 행복도시로서 주변에 도봉산, 수락산과 중랑천 등 수려한 자연환경자원을 곁에 두고 있어 '삶의 쾌적성'을 중시하는 미래시대의 성장잠재력이 큰 도시이기도 하다.

 도시경쟁력을 연구해 온 미국의 R. 플로리다 교수는 경쟁력의 원천으로, 기술(technology, 산업생산성), 인재(talent, 창의성), 사회성(tolerance, 문화적 다양성) 등 3T를 꼽아 도시가 처한 문제에 대해 풍부한 상상력과 혁신적, 창의적 방식으로 해결해야 함을 주장하고 있다. 이런 생각을 기저로 하여 의정부시로서는 재도약의 기반이 될 371만여㎡의 미군 반환공여지를 '도시가치 레벨 업'의 마지막 기회로 인식하여 지역의 특성과 여건을 감안, 최대한 치밀하게 설계해야 할 것이며, 또한 여건상(의·양·동 통합을 추진하여) 배후 농촌을 유기적으로 연결함으로써 도시네트워크 체계 구축을 통한 도농 통합도시권화 전략도 충분히 검토할 만하다고 본다.

 이외에도 현 시점에서 중요한 것은 의정부시가(생각보다 일반인에게 많이 남아 있는) 더 이상 군사도시가 아님을 적극적으로 알릴 필요가 있어 보인다. 하루속히, 의정부 부대찌개를 머나먼 옛날 미군부대 시절의 한 추억으로 남게 해야 한다. 이왕이면, 체계적이고 종합적으로 알려야 한다. 요즘은 도시도 하나의 큰 상품이므로 발전된 상품을 알게 하고(인지도), 좋아하게 만들고(선호도) 그리고 찾게 하기(구매력) 위해선 사전에 분석적인 세밀한 접근이 필요하다.

　의정부는 지역적으로 서울시나 마찬가지이다. 그러나 쾌적한 주거환경, 환경친화적 정주공간 등을 영위할 수 있다는 점에서 서울시가 아니다. 의정부에서 태어난 신생아가 출산장려금에서부터 우월적 이득을 누리고, 한참 자랄 때에는 교육, 문화생활에서 이득을 누리고, 죽어서는 장례비용에서 이득을 누리는 등 도시의 가치가 지금보다 훨씬 업그레이드된 '의정부 행복도시'를 기대해 본다.

'성공기준 3.0'

지난 3월, 가난하면서도 작은 밀림이었던 말레이시아 연방 내의 섬을 단기간에 세계적인 금융·물류 중심의 부자나라로 급성장시켰던 리콴유 싱가포르 초대 총리가 91세의 일기로 서거했다. 근 10년이 넘도록 싱가포르의 국민행복지수는 세계 최하위 수준이라는 얘기도 있지만 유엔이 발표한 '2015세계행복보고서'에 따르면 전 세계 158개 국가 중 24위를 마크(한국은 48위)하고 있다. 단기간에 급성장하다 보니 물질만능을 강조하는 사회풍조가 생겼고, 그래서 싱가포르의 성공기준은 '싱가포르 5C' 즉, Cash(현금), Car(승용차), Condominium(개인아파트), Credit card(신용카드) 그리고 Country club(교외레저시설)을 상징한다고 한다.

'성공'의 사전적 의미는 목적하는 바를 이루는 것으로 나와 있다. 그렇다면 목적하는 바가 무엇이며, 그것을 어떻게 이룰 것인가가 중요해진다. 청교도들이 오랜 탄압을 피해 메이플라워호에 몸을 싣고 신대륙 아메리카로 가서 시작된 아메리칸 드림은 유럽의 부랑자들과 흑인들에게 새로운 삶의 터전과 노예해방이라는 드림으로 시작되어 오늘날에는 일정한 기본가치들과 인격적 특성을 중심으로 규정되고 있다. 즉, 성취·성공 그리고 물질주의에 대한 믿음을 가지고 있으면서 부정부패가 아닌 공정한 게임 룰하에 누구든 열심히 일하는 사람은 성공하고 명성, 권력 그리고 돈을 보상받을 동등한 기회가 주어진다는 것이다.

그렇다면 한국에 있어서의 성공기준은 무엇인가? 대형서점의 온라인 검색창에 '성공'이라는 단어를 넣어보면 '연봉 2억 이하는 실패한 인생' '당신도 연봉 10억의 주인공' '39세에 100억' 등 어떻게 해야 풍요롭고 행복한 삶을 맞이할 것인가 하는 경제적 부에 관한 책들이 대부분을 차지하고 있다. 그도 그럴 것이 싱가포르와 마찬가지로 우리나라도 불과 50여 년 전에는 필리핀이나 에티오피아보다 훨씬 가난했기 때문이다. 하여, 새마을운동과 증산수출건설 등의 슬로건 아래 중동의 모래바람과 서독의 광산 등에서 피땀 흘린 결과 가장 기본적 욕구인 먹고사는 문제 즉, 성공기준 1.0이 해결되었으며, 그와 같은 기조에 튼튼한 교육열이 뒷받침되면서 이제는 OECD회원국, 세계무역 8강 그리고 해외여행자가 급증하면서 원조를 주는 국가로 변신하여 상대적으로 어느 정도의 경제적 풍요를 가져왔으나 그것은 경제적 의미의 단순한 성공 즉, 성공기준 2.0이라고 정의하고 싶다. 그렇다고, 경제적 풍요를 자본주의 사회에서 결코 사치라고 말할 수는 없다. 여권신장이 상당히 커진 우리나라에서 맞벌이 부부는 이제 흔하다. 부부가 열심히 돈을 번 덕분에 아내는 평소 희망이던 예쁜 베란다를 꾸몄고, 남편은 에코사운드에서 감미로운 소리를 내는 좋은 오디오도 샀다. 부부는 앞으로도 열심히 일해 돈을 더 많이 벌자며 아침 일찍 출근했다. 그러던 어느 날 남편이 두고 나온 지갑을 가지러 집에 도로 들렀더니 집안일을 도와주시는 아주머니가 베란다의 예쁜 의자에 앉아 오디오에서 흘러나오는 음악을 들으며 차를 마시고 계셨다는 어느 행복론 중의 이야기이다. 자신들은 사놓기만 했지 누려보지 못한 것을 아주머니는 열심히 일하는 중간중간 즐기고 계셨던 것이다. 불현듯, 이 부부는 지금 무엇을 위해 살고 있는 것일까 하는 생각이 들었단다.

'돈을 많이 벌고 나서', '그 자리에 오르고 나서'라며 미루다가 일방적으로 기회를 상실하기보다는 내가 지금 할 수 있는 소중한 것들을 그때그때 제대로 챙기면서 균형감 있게 사는 것이 경제적인 부를 초월하는 진정 성공한 삶이 아닐까 한다. 누군가는 이 치열한 자본주의 경쟁사회에서 사치스럽고 시기상조라고 할지 모르지만 분명히 인간 삶의 성공은 경제적 성공보다 훨씬 중요하다고 생각한다.

싱가포르는 작으면서도 '아시아인들에게 서양식 민주주의는 사치'라고 할 만큼 절반 정도는 독재체제의 경찰국가이며, 지난 50년간 4만 명을 사형시킨 무서운 나라이지만, 한국은 이미 많은 희생 속에 민주화 과정과 경제적 IMF를 경험한 세계 7번째의 인구 5천만 명에 1인당 국민소득 3만 달러를 뜻하는 '30-50' 클럽에 가입한 국가로서 충분히 성공기준 3.0을 생각해 볼 수 있는 시점에 와 있다고 본다. 더 부자가 되고도 행복하지 않다는 건 분명 뭔가 문제가 있는 것이다. "어느 항구에 배를 대야 할지 모른다면 바람이 어디서 불든 순풍은 없다"라는 세네카의 말이 생각난다.

내부고발,
선(善)이어야 한다

얼마 전, 정부 고위인사가 기자들과 식사자리에서 아무 거리낌 없이 내뱉은 말("내가 김영란법 막아주고" "언론인들, 내가 대학 총장도 만들어주고…")을 동석했던 용기 있는(?) 기자가 녹음을 했고 이 녹취파일이 청문회 과정에서 공개되었다. 이를 접한 국민들은 이 내뱉은 말이 그의 진심에 내재된 진짜 속내라는 것을 충분히 짐작하고도 남았을 것이다. 그러나 공익을 위해 진실을 밝힌 기자는 현행법상 타인의 대화 녹취는 불법이지만 대화에 참여한 사람의 녹취 행위는 불법이 아님에도 불구하고 일방으로부터 비윤리적이라는 비난을 면치 못하고 있다. 또한, 작년 10월 인기리에 개봉됐던 영화 '제보자'에서는 황우석 실험실의 한 연구원이 황우석 박사의 논문조작 사실을 알고 이를 MBC 〈PD수첩〉에 제보하면서 영화 속에서 여러 번 던지는 질문이 "진실과 국익 중에 어느 것이 우선입니까?"라는 것이었다.

이른바, 내부고발자란 조직 내부 혹은 외부의 부정 거래나 불법 행위, 비도덕적 행동 등에 대한 정보를 신고하고 공개하는 사람으로, 단순히 자신이 살기 위해서 남의 허물을 일러바치는 밀고자가 아니라 공익을 위해 제보하는 사람을 일컫는다. 영국에서는 경찰이 조직의 비리를 눈감지 않고 경고와 각성의 호루라기를 분다는 취지에서 휘슬 블로어(whistle-blower)라고 하는데, 다른 사람의 비리를 파헤쳐서 자기가 이익을 보는 '파파라치'와 다르고, 조선시대에 다섯 가구를 한 통으로 묶어서 호구를 통제하고 관리했던 오호작통제와도 다르다. 내부 고발자들은 대개 내부 고발 이후 내부 고발의 대상인 단체나 관련 단체 또는 법적인 반발을 직면하는 경우가 대부분이다.

이처럼 크건 작건 간에 내부 고발 및 이와 유사한 사례는 점증하는 추세이다. 1987년 민주화 운동 이후 우리 사회에 불어온 자유의 바람이 더욱 기폭제가 되었는바, 이문옥 당시 감사원 감사관은 재벌기업의 업무 무관 부동산 보유비율이 발표(1.2%)보다 훨씬 높은데도(43.3%) 재벌의 로비로 감사원 감사가 중단되었다는 사실을 폭로했으며, 모 그룹의 법무팀장이었던 김용철 변호사가 당해그룹 차명계좌 50억 원 비자금을 폭로하기도 하였다. 뿐만 아니라 14대 총선에 앞서 진행된 군 부재자 투표과정에서 투표부정을 폭로한 이지문 중위 사건과 여당후보를 당선시키기 위해 자신이 직접 관권 부정선거를 주도했다고 주장한 한준수 연기군수, 학생운동을 하다가 국군 보안사에 파견되어 군 생활을 해오던 중 군 보안사가 당시 야당 수뇌부 정치인 등 민간인들에 대한 정치사찰 및 동향파악을 하고 있다고 폭로했던 윤석양 이병 사건 그리고 영화 '도가니'의 배경이 됐던 광주인화학교의 성폭행 사건과 국정원 댓글녀 사건 등이 이어져 왔다.

이 중에서 이문옥 감사관과 이지문 중위는 기나긴 법정투쟁 끝에 무죄판결을 받아 힘들게 복직되었지만 윤석양 이병과 한준수 연기군수는 소송에서 패소하였다. 매경이코노미(제1677호 기사)에 의하면 1990년 이후 대표적인 내부 고발 사건 36건 가운데 비리 혐의자가 선고유예를 받은 것은 12건에 불과한 반면 내부 고발자 45명 가운데 20명이 공익신고 당시 파면·해임되어 비리를 고발한 사람이 되레 큰 피해를 본 셈이라고 했다. 즉, 외국 기업의 경우에는 내부 고발을 적극적으로 운용하고 있는 데 반해, 우리나라에서는 '배신자'로 낙인찍히고 결국 사회에서 매장되어 버리는 것이 현실이다.

지난 1987년 민주화운동 이후 내부고발 역사를 살펴볼 때, 그나마의 내부고발이 없었다면 우리 사회가 현재만큼이라도 민주화가 이루어졌을까 하는 의구심이 든다. 하지만 아직 우리 사회에서 내부고발자를 바라보는 시각과 제도는 낮은 수준이어서 내부고발이 '정의'라는 것을 알고 있지만, 그 누구도 선뜻 나서지 못한다. 따라서 내부고발자를 철저히 보호하는 시스템을 만들어야 한다. 내부 고발자가 불이익을 당하면 조직의 암 덩어리들은 계속 커질 것이고 결국 암이 조직을 먹어 치울 것이기 때문이다. 미국 역사상 최초로 대통령 임기를 채우지 못하고 스스로 물러나게 만든 닉슨의 워터게이트 사건 내부고발자가 당시 FBI 간부 윌리엄 마크 펠트였다는 사실이 밝혀지기까지 33년, 그것도 타인이 아닌 본인 스스로에 의해 밝혀졌다는 사실이 미국을 투명한 사회로 만든 원동력 중 하나가 아닌가 생각한다.

우리 사회가 보다 투명해지고 한 단계 업그레이드되려면 더 크고 우렁찬 내부 고발의 휘파람 소리가 필요하지 않을까?

뉴 거버넌스
(New Governance)

양띠 새해를 맞아 우리나라가 세계에서 7번째로 30-50클럽에 가입했다는 반가운 소식이다. 그뿐이 아니다. 3년 전 런던올림픽에서 미·중·영(개최국), 러에 이어 5위를 차지했고, 국제 수학, 과학 올림피아드에서 압도적 1위를 랭크하고 있다. 또한, 과거 소니의 발바닥 수준이었던 삼성전자의 매출실적은 소니는 물론 소니와 파나소닉, 샤프를 합친 것보다 많아졌을 뿐 아니라 우리나라가 세계무역 8강에 진입하면서 무역수지도 역전되어가고 있고, 국가신용등급 역시 전도되어 우리가 더 높은 신용도를 보이고 있다. 블룸버그 통신사는 가장 혁신적인 50개국 중 미국에 이어 우리나라를 2위에 올려놓았고, 스페인의 디지털 경제일간지 엘 문도 피난시에로는 르포 기사에서 여러 국제 경제기관들의 연구결과를 인용하여 장차 통일된 한국이 2040년대에 세계2위 경제대국으로 거듭날 수 있다는 분석을 내놓았다. 그야말로 장밋빛이고 흥이 난다.

한편으로, OECD자료는 우리를 우울하게 만든다. 비정규직 900만 명에 저임금근로자 비율이 24.8%로 최고 수준이며 노인 빈곤율 1위 그리고 국민행복지수는 36개국 중 32위이다. 주관적인 삶 만족도 역시 36개국 중 26위에 그치고 있다. 소득불평등 지수는 4.85로서 매우 높은 편인 데다 시간이 갈수록 그 정도는 더 심화되리라는 전망이다.

또한, 가계부채 1천조 원 시대를 맞고 있다. 따라서 우리나라에서 남들 하는 만큼만의 소박한 평균적인 삶을 살아간다는 것은 빚쟁이 인생을 의미하게 되는 것이며, 대학을 졸업하고 사회에 첫발을 내딛는 순간 등록금과 자취방 월세 등의 빚으로 시작해서 결혼, 내 집 마련, 자녀교육 등 빚으로 끝나는 적자인생이다.

뿐만 아니라 우리는 불과 몇 개월 전에 세월호 참사를 겪은 것은 물론 이와 유사한 대형사고를 주기적으로 겪고 있다. 그때그때 들쭉날쭉의 여론에 따라 희생양을 찾는 데만 몰두했을 뿐 근본적인 시스템적 치유는 못 했기 때문이다.

이렇게 우리사회의 명암이 엇갈리는데, 해방 70주년을 맞는 올해부터가 시대적으로 중요하다. 세계사적으로 볼 때, 잘사는 나라와 못사는 나라는 항상 존재하며, 그 분포는 변화한다. 미국과 유럽이 잘사는 나라들인 반면 이웃 일본은 뒤처지는 추세이다. 150여 년 역사를 갖고 있는 일본의 공업화에 비해 우리나라는 60여 년 그리고 중국은 30여 년이다. 그러나 일본과 따라가는 우리나라 그리고 급성장하는 중국의 경쟁은 구분 없이 치열하다. 나름대로, 자국의 환경에 맞게 기획하고 지휘하지만 머지않아 그 승패가 갈릴 수밖에 없어 패자는 아프리카나 중남미처럼 가난한 나라로 추락하게 될 것이다.

무엇이 운명을 가를까? 미국 MIT 대학의 에이스모글루(D. Acemoglu) 교수는 명쾌하게 포용적인 정치, 경제제도의 유무가 국가의 흥망성쇠를 결정짓는다고 주장하며, 포용적 제도가 갖춰져 있지 않다면 경제성장이 일시적으로 지속되더라도 결국은 한계에 부딪힐 수밖에 없다면서 한강의 기적을 이룬 한국 역시 마찬가지라고 하였다. 포용적 경제제도란 사유재산을 보장하고, 법이 공평무사하게 시행되며, 계약과 교환의 자유를 보장하는 제도를 의미한다. 이를 위해 가장 필요한 것이 이른바 충분한 사회적 합의와 강력한 시행이다. 복잡한 경제사회의 공통적 문제해결을 위해 정부뿐 아니라 기업과 노조 그리고 시민사회를 정부의 활동 영역에 포함시켜 새로운 파트너로 인정함으로써 공공서비스와 관련하여 정부조직, 기업, 시민사회, 세계체제 등을 신뢰를 통하여 조정한다. 즉 정당성과 투명성 제고를 위해 시장논리보다는 협력체제를 강조하는 이른바 '뉴 거버넌스(new governance)'이다.

향후 일본, 중국뿐 아니라 글로벌 시장에서 존재감 있게 살아남기 위해서는 경쟁력을 갖춘 세계적 유수의 기업들을 많이 길러내야 하고, 또한 이러한 기업들이 사회적 책임을 다하며, 소득격차, 빈부차이가 심하지 않은 사회구조를 구축해야 할 것이다.

이제, 더 이상 우리 사회에 시스템부재의 세월호 사건이나 절대적 빈곤의 송파 세 모녀 그리고 상대적 박탈감의 서초 세 모녀 사건들이 지면상에 오르내리지 않고 하나 된 일심동체국이 되기를 희망해 본다.

해방 70년,
국교정상화 50년[8]

    가수 이승철이 하네다공항에서 일본 입국을 거부당한 것이 화제다. 덕분에 이승철의 독도 통일송이 홍보되고, 보류됐던 독도 진입시설 공사가 재추진되는 모양새다. 불과 한 달여 남짓 후에는 광복 70주년 그리고 한일국교 정상화 50주년을 맞이한다. 가깝고도 먼 이웃, 싫든 좋든 수많은 정치적 격동기를 함께 해왔으며, 경제적으로도 상호 큰 파트너일 뿐 아니라 어느 하나만 떼어 놓고 볼 수 없는 다면적이고 복합적인 총체적 관계를 맺을 수밖에 없는 것이 한일관계이다.

---

8. 1965년 6월 22일, 한일양국은 일본 도쿄에서 '한-일 양국의 국교관계에 관한 조약(한일협정)'을 체결함으로써 해방후 수교하였다. 주요내용으로 일본이 청구권 문제와 관련하여 한국에 8억달러를 건네는 내용이며, 한국 정부는 이 돈의 상당 부분을 경제 개발 자금으로 활용했다. 그러나 한·일협정에는 일본이 침략과 식민지 지배를 사죄하는 내용이 없었고, 또한 종군위안부, 원자폭탄 피해자, 사할린으로 끌려간 강제 징용자 문제 등은 한·일협정에서 배제됐다. 2015년은 해방70년, 한·일협정 50주년이 되는 해이다.

일본이 어떤 나라인가? 아직, 우리나라에 이렇다 할 자동차마저 없었던 1941년에 가미카제라는 전투기특공대를 앞세워 이역만리 세계최강 미국의 영토(진주만)를 공격한 유일한 나라이다. 전후 일본을 부흥시키며 니케이지수 1만 선을 돌파하는 등 세계경제 2위의 자리에 오르자마치 미국 땅 모두를 사버릴 것 같은 위세 속에 미국을 비롯한 서방세계는 TQC, JIT, Lean Production 등 일본의 경영혁신 기법을 배우기에 급급한 적도 있지 않은가? 하지만 버블경제, 부실채권, 디플레이션 등으로 인한 경제 마비 현상으로 인해 90년대부터 침잠해가는 타이타닉호가 되어왔고, 최근 들어 그때를 회상하나 이미 80년대 주변의 역학관계는 땅속에 점점 더 매몰되어 가고 있는 상황이다.

우리나라와의 관계에 있어서도, 역사인식과 손해배상 등을 둘러싼 견해 차이에도 불구하고 정치적 편의에 따라 갈등의 불씨가 내재된 불완전한 한일협정을 체결한 뒤 IMF 때까지는 수직적, 비대칭적 관계를 맺어왔다. 그러나 이후 수직적 관계에서 벗어나 상대적 수평화단계로 진입하였으며, 이제는 국가신용등급이 뒤바뀌고 무역수지규모가 역전되는 등 국가 전체적으로는 서로 뒤바뀌어가는 형국을 보여오고 있다.

'이지메', '쓰나미'는 일본에서 조어된 말로 영어권에서도 일본 발음 그대로 쓰인다고 한다. 이지메는 프랑스를 능가하는 개인주의에 빠져 서로 의사소통을 거부하고 고립화되어가는 작금의 늙은 일본 정서를 반영하는 말이며, 쓰나미는 대륙과 유리된 섬

나라로서 언제 후지산이 분화하고 또 언제 태평양에서 발생한 바다너울이 덮칠지 모르는, 어쩌면 영화 속의 '일본침몰'이 먼 장래에 현실이 될 수도 있는 대재앙의 삶의 요건들을 상징하는 말이기도 할 것이다.

우리나라는 어떤가? 비록, 한일협정 이후 동족상잔의 비극을 겪으면서도 '증산 수출 건설'이라는 슬로건 아래 허리띠를 졸라 매며 발버둥 치는 과정에서 부수적인 문제점들도 많이 발생하고 있다. 그러나 70년대 한국경제는 일본의 1/30이었지만 지금은 1/5로 좁혀졌다. 우리나라는 세계무역 8강으로 진입하였으며, 블룸버그 통신사는 가장 혁신적인 50개국 중 한국을 2위에 올려놓고 있다. 소니를 먼발치에서 동경했던 삼성전자의 매출액은 이제 소니는 물론 파나소닉과 샤프를 합친 금액보다도 많다. 스페인의 한 언론은 통일한국이 2040년에 세계 2위 경제대국이 될 것이라고 예측하였으며, 내년에는 한국도 30-50클럽에 세계 7번째로 가입할 것이라는 보도도 있다. 이처럼, 어제의 세계 2위 경제대국 일본이 답보상태에 있는 반면에, 한국은 물론 중국도 멈출 줄 모르게 성장해 가고 있다.

이제 일본은 일본의 장래와 동북아 발전을 위해서라도 주변국에게 변해야 한다. 일본은 구한말부터 50여 년간 청일, 러일 그리고 태평양전쟁 등 5차례나 전쟁을 일으킨 지구상의 유일한 나라이다. 섬으로 고립된 일본의 지정학적 특성이 호전적인 DNA

를 만들 수밖에 없었는지 모르지만 아직도 '적극적 평화주의'니 하면서 자위대가 아닌 '타'위대 역할을 스스로 강조하며, 제국주의 시절을 그리워한다. 위안부 문제가 좀 늦은 90년대에 현안으로 부상했지만 고노담화에서 강제성을 인정받았다. 그럼에도 과거사 문제에 대해 전혀 진정성을 보이지 않으며, 오히려 여전히 우리나라를 한 수 아래로 보고 있다. 다른 무엇보다도 위안부 문제만큼은 시간이 그리 많지 않다. 훗날, 위상이나 처한 환경 등이 뒤바뀌어 진정 어린 사과를 하고자 해도 지금의 이 시기를 놓치면 뒤에 후회한들 소용이 없다.

우리가 더 힘을 키워야 한다. 구조라는 책임을 팽개친 세월호의 선장이나 선원들은 특별한 사람이라기보다 타성에 젖은 우리 의식과 문화의 보편적 산물이다. 의식과 문화수준을 제고함으로써 낭비적 손실을 최대한 줄이고 창의적 역량을 키워야 한다.

한일협정 이후 50년을 직시하여 향후 50년은 우리가 만들어야 한다. 일본은 분명히 적이 아니라 동아시아 발전을 위한 우리의 파트너여야 한다. 이를 위해서라도 양국 간 과거사 문제는 뒤로 미루기보다 현세대가 해결해야 한다는 점을 인식시켜 나가야 한다. 일본이 무섭게 성장하는 한국의 극일대상이 아니라 친숙한 이웃사촌이 될 수 있기를 기대해 본다.

'전환(轉換)'의 계곡

이 지구상에서 가장 도전받고 있는 국가 중 하나는 우리나라요, 또 다른 하나는 이스라엘이 아닌가 한다. 우리도 수시로 북한의 위협을 받고 있지만, 이스라엘은 종교적 신념 등이 다른 중동의 여러 국가들로부터 협공을 받기도 하며, 지금 이 시간에도 총성을 들어야만 하는 어찌 보면 우리나라보다도 더 안타까운 국가이다. 게다가 이스라엘은 우리나라와 1인당 GNP(국민총생산)가 비슷한 국가라는 공통점을 가지고 있다. 그럼에도 불구하고, 우리의 국민행복감은 이스라엘에 비해 85.9%에 불과하다고 한다. 즉, 우리나라는 경제적으로는 짧은 기간에 상당한 발전을 이루었음에도 사회투명성 부족에 따라 공동체에 대한 신뢰도 등이 낮기 때문에 행복의 문턱에서 맴돌고 있는 것이다.

소득수준 3만 달러 및 선진국 문턱에 서 있는 지금 우리는 무엇이 문제일까? 여러 가지 문제가 있겠지만, 그중 하나로 이른바 '전환의 계곡(valley of transition)' 문제를 들 수 있을 것 같다. 전환의 계곡이란 더 높은 산에 올라가기 전에 만나는 계곡이란 뜻으로, 사회적 성숙 및 기반기술이 한 단계 도약하기 위해 치러야 하는 급격한 사회 및 경제적 비용의 증가를 말한다. 좀 더 구체적으로는 우리나라와 대만 등과 같이 정치적 성장이 경제적 성장을 따라잡지 못해 생기는 사회적 혼란이 대표적인 사례로서, 마치 광의의 문화지체와 비슷한 현상을 말한다.

요즘 인터넷 뉴스란을 보면 사고 발생 5개월이 지났음에도 세월호에 관한 기사가 끊이지 않는다. '세월호법 어서 끝내라'부터 '쏟아지는 독설에 유가족 매일 비수에 찔리고 있다' 등 상반된 시각이 난무한다. 쟁점은 기소권과 수사권인 듯한데 해결의지가 있는지, 해결할 수 없는 난제인지 아니면 정말로 모든 국민들의 의사를 반영하려는 친절한 배려(?)인지 아리송하다.

1994년 발트해에서 침몰해 989명 탑승자 중 852명의 사망자를 내어 20세기 최다 사망자를 낸 에스토니아호 참사는 피해 규모에서는 세월호보다 훨씬 심각했지만, 사고원인 규명이나 대응방식에서는 우리와 달랐다고 한다. 이 사고에 대해 관련 국가들은 지체 없이 사고의 전말을 정확하고 상세하게 밝혔고, 피해 가족들이 만족할 수 있는 신속한 대책과 장기적 제도 보완책을 마련하였으며, 사고에 관한 모든 정보를 국민들에게 사실대로 알렸기에 사회적 후유증이 최소화됐다고 한다. 보고서에 따르면

에스토니아호의 승선자들도 세월호처럼 수십 분간의 탈출가능 시간대가 있어 선실에서 갑판으로 모두 나올 수 있는 시간이었으나 배가 일단 기울게 되면 경사가 급해지거나 쏟아져 내리는 기구들이 가로막는 등 탈출하기가 사실상 불가능했다는 것이다. 결국, 세월호 참사는 사고 후 구조상의 문제라기보다는 오래전부터 우리 사회가 이른바 존스턴 교수가 주장하는 4가지 부패유형 중 고위층 결탁이 심한 '엘리트 카르텔'형 부패구조에서 비롯된 것이 아닌가 생각된다.

한때 '한강의 기적'으로 불릴 만큼 경제성장을 이루고 민주화운동을 통해 권위주의도 청산했지만 국민 행복감 저하뿐 아니라 OECD국가 중 10년째 자살률 1위라는 냉소를 받고 있다. 또한 국내적으로도 상장기업들은 엄청난 흑자를 거두고 있지만 오히려 구성원들의 소득은 줄고 있으며, 대부분의 조직에서는 비정규직으로 내몰리고 있어 경쟁만 심화되고 살기가 고달파졌다는 것이 일반적 인식이다. 이처럼, 우리나라는 지금 정치에 대한 신뢰부재와 투명성이 결여된 엘리트 카르텔형 부패 등으로 인해 '전환의 계곡'을 넘지 못하고 웃자란 민주주의라는 기형에 머물러 있는 것이다.

국민행복감이 높은 북유럽 국가들이 처음부터 최상위권의 신뢰와 투명성을 쌓은 것은 아니다. 스웨덴 등에서도 노사갈등이 끊이지 않았지만 사회정치적 격동기를 잘 이겨낸 끝에 사회적 타협을 이끌어 내었으며, 이에 대해 투명한 제도화를 통하여 하나씩 실천해 나갔다고 한다. 아시아라는 같은 유전자를 지닌 싱가포르도 높은 투명성과 국가경쟁력을 가지고 있는 만큼 우리나라도 그 가능성은 충분하다고 할 수 있다. 정계, 관료, 각종 연(緣)으로 뭉친 엘리트 네트워크를 타파하고, 누구에게나 공평한 사회적 합의를 이끌어내며, 신뢰를 바탕으로 한 투명한 제도화를 통하여 이를 실천함으로써 뿌리 깊은 사회의 안개를 걷어내어 전환의 계곡을 넘어야 한다.

8,848m에 이르는 히말라야 산 정상에 오르기 위해서는 반드시 몇 개의 험준한 계곡을 건너야 하는 것처럼, 전환의 계곡도 선진국으로 건너가기 위해 반드시 거쳐야 하는 험난한 단계이다. 전환의 계곡을 넘지 못하면 그 자리에 머무는 것이 아니라 오히려 내려와야 하므로 그간의 눈부신 발전도 모두가 허사가 됨을 명심하여 함께 난제를 풀어가는 사회 성숙을 기대해 본다.

청문회 유감…
고위 공직자와 도덕성

지난 7월 초 이틀 동안 박근혜 정부 2기 내각에 대한 청문회가 실시되었다. 여지없이, '차떼기 연루, 위장전입, 군 복무 중 연수, 논문표절' 등 대국민 고해성사의 무대였다. 그 며칠 전에는 경질 대상 총리가 다시 유임으로 복귀하는 헌정사상 초유의 어이없는 사태가 발생하였다. 대통령은 높아진(?) 검증기준을 통과할 수 있는 분을 찾기가 현실적으로 매우 어려웠다고 토로하였다. 대통령 스스로 우리나라에는 도덕성과 능력을 함께 갖춘 인재가 없다고 선언한 것이나 마찬가지이다.

한 나라의 국민을 책임지는 공직자에게는 영(令)이 설 수 있는 도덕성과 발전의 기반동력인 직무능력이 필요하다. 논문을 표절한 장관이 논문을 표절하는 학자를 지휘하기는 어려우며, 세금을 포탈한 장관도 세금을 포탈하는 국민들에게 할 말이 없을 것이다. 또한, 본인이 해야 할 일을 읽지 못하는 능력 없는 장관은 논공행상의 낙하산과 다름없으며 한 차원 격상된 공무원 사회에서 그리 오래 버티지 못할 것이다. 따라서, 검증기준을 낮추어야 한다거나 청문회 방식을 변경해야 한다는 소리엔 동의할 수 없다. 이른바, 선진국들도 오래전부터 청문회를 하고 있으며, 그렇지 않은 나라들은 중앙집권이 강한 몇 개국을 제외하면 선진국이 아니다.

미국의 경우, 1789년부터 청문회를 시작하여 6000여 개의 자리에 대해 우리의 1/3인 63개 항목의 서술형 질문방식으로, 대통령의 사전인선에 270여 일, 행정부 인준준비에 28일, 상원인준에 50여 일 등 거의 1년이 소요된다고 한다. 특히, 요직인 행정부의 장·차관과 차관보급 고위직, 연방수사국(FBI) 국장, 군 고위 장성, 대사, 연방 대법관과 검사, 연방준비제도이사회(FRB) 의장과 이사 등 600여 명의 후보자에 대해서는 매뉴얼화된 230여 개 항목에 대하여 백악관 내 인사국과 연방수사국, 국세청(IRS) 그리고 공직자 윤리위원회 검토는 필수 조건이며, 개인 및 가족의 배경은 물론 금융거래나 심지어 교통범칙금 등 경범죄 위반 기록까지 샅샅이 뒤진다고 한다.

그렇다면, 도덕성과 직무능력 중 무엇이 우선일까? 우선순위 문제가 아니라 둘 모두를 갖추어야 한다. 하지만 직무능력보다 도덕성이 기본전제가 되어야 한다. 직무능력은 키울 수 있고 부족하면 능력이 탁월한 부하직원을 기용할 수 있지만, 도덕성이 결여된 자는 조직 내에서 어떠한 역할도 할 수 없는 범죄자일 뿐이기 때문이다. 부정과 사기는 사회의 생산성을 저해할 뿐 아니라 국민 단결 및 국가발전에도 결코 도움이 되지 못한다. 청문회에 있어 '도덕성'의 내재적 표현은 결과의 적법성뿐 아니라 동기에 있어서도 부정과 사기에 무관할 것을 기대하고 있다.

우리 사회가 선진국 대열에 합류하려면 혈연, 지연, 학연 등 연고에 얽힘 없이 모든 국가활동이 공정할 수 있도록 이른바 김영란법이 통과돼야 하며, 현재의 청문회 근간도 유지되어 갈수록 투명한 사회를 지향하는 것이 바람직하다고 본다. 우리 사회가 맑아져서 향후의 청문회가 국회의원 출신 100% 통과, 후보들의 답변을 막는 '척(斥)문회' 그리고 추문만 파헤치는 이른바 3대 악습을 탈피하고, 능력 검증에 초점을 맞추는 날, 우리나라의 위상도 선진국들과 대등한 국가반열에 오르게 될 것이라고 확신한다.

'지방선거,
신중한 한 표가 지역발전 초석된다'

바야흐로 지방선거 계절이다. 월드컵과 함께 4년마다 시행되는 중차대한 행사이다. 1961년 의회가 해산된 지 30년 만인 1991년 3월 기초자치단체 선거가 실시된 이래, 여섯 번째로 실시되는 통합자치선거인 것이다. 지방자치제는 이제 선진국인 영미나 유럽 등지에서 '민주주의의 꽃'으로 불릴 만큼 무르익어가고 있으며, 지방자치의 확대강화 및 자치행정에 대한 주민참여의 확대는 거스를 수 없는 세계사적 흐름이자, 민주주의를 위해 투쟁해 온 우리나라가 추구해야 할 기본적 방향이다. 지방자치제의 확대강화는 우리 헌법이 규정하는 국민주권주의와 민주주의를 실질적으로 구현하고, 시민의 기본권 실현이라는 헌법의 기본이념과 그 취지에도 적극 부응한다는 사고로 발전되고 있는데, 그 중요한 절차 중 하나가 지방자치선거인 것이다.

선거란 일정한 조직이나 집단의 구성원이 그 대표자나 임원 등을 투표를 통하여 가려 뽑는 행위를 말하며, 지방선거란 장차 지자체의 중요한 정책을 결정하게 될 대표들을 선택 또는 거절하는 제도이다. 즉, 대의 민주주의가 성행하는 현대정치에서 이는 매우 중요한 정치과정으로 주권을 가진 일반 시민들의 권리를 행사하는 공식적인 절차이기도 한 것이다.

문제는 어떻게 누구를 지역일꾼으로 선택할 것인가이다. 조그만 기업에서조차 신입사원을 뽑을 때 서류전형과 면접시험을 치른다. 서류전형에서는 기업과 관련하여 주로 어떤 일을 할 수 있을 것인지를, 면접시험에서는 실천의지 내지 사람의 됨됨이 등을 살펴 선발하며, 1차 전형에서 평가하지 못한 요소가 있다면 2, 3차 전형을 통하기도 한다. 그러나 지방선거를 치를 때는 서류전형과 면접시험 과정을 투표라는 단 1회의 행사를 통하여 당선자를 결정지어야 한다. 그만큼 신중해야 함에도 불구하고, 대통령 공약사항이면서 야당이 끈질기게 고집했던 정당공천 폐지문제나 지역에 문외한이지만 당선가능성 등 기타의 이유에 따른 전략공천문제 그리고 지방선거임에도 불구하고 선거쟁점이 안전사고 등에 따른 정권심판론이나 선거만을 위한 신당야합론 등과 같은 총선성 이슈화에 휘둘려 지역일꾼을 뽑겠다는 지방선거의 의미가 퇴색해 버리지 않을까 걱정된다.

따라서, 기본적으로 유권자는 이와 같은 정치환경에 영향을 받기보다 각 후보가 제시한 정책과 인물 됨됨이를 차분하게 살펴서 후회 없는 선택을 해야 할 것이다. 누구보다 지역사정을 잘 알면서 지역의 현안들(예를 들어, 현재 군사분계선으로부터 25km 이내로 지정되어 있는 군사시설 보호구역 규정으로 인하여 경기 북부 면적의 45%를 차지하고 있는 군사시설 보호구역 축소문제라든가 예산투입 금액의 절대 부족 및 신도시 조성 등에 따른 교통인프라 확충문제, 이에 따른 대중교통의 불편함과 열악한 산업경제로 인해 발전하지 못하고 불안한 지역이라는 낙후이미지 고착화 문제, 이외에도 의정부 경전철, 전철 7호선 연장, GTX, 의정부뉴타운, 의양동 통합추진 등등)과 지역특성에 부합하는 숙원사업들(예를 들어, 사회간접자본 확충, 친환경 관광산업도시, 패션디자인 산업도시와 섬유산업 활성화, DMZ세계평화공원 조성, 임진강 평화문화권 지정, 군과의 협력사업 활성화, 남북협력 사업의 확대 등등)을 잘 숙지하고 평소 이에 대해 명쾌한 입장을 가지고 있는 인물을 선택해야 할 것이다.

또한, 후보가 지역현안 및 숙원사업들에 대해 깊은 식견을 가지고 있다 해도 그것을 실천하려는 의지와 능력 그리고 지역사회가 요구하는 시대정신을 갖추고 있는 후보인지도 면밀히 분석하여야 할 것이다. 만일 유권자가 아무런 상념 없이 단순한 연고, 인지만으로 투표할 경우, 시정후퇴는 물론이고 무능력하거나 자신의 앞가림만 챙기는 비도덕적인 후보를 자신들의 대표자로 지켜보며 후회할 수밖에 없다.

그러나 누가 지역발전에 대한 혜안을 가지고 투명하게 지방분

권정치를 실현할 수 있을 것인가는 쉽게 알 수 없다. 13일 동안의 짧은 선거운동기간에 비해 절대적으로 많은 단체 급별 후보들의 동시유세와 후보들의 면면을 알 수 있는 정보루트의 부존재 그리고 유권자들의 무관심으로 아직까지도 투표행위는 정당이나 연고주의를 크게 벗어나지 못하는 실정이다. 그나마, 서류전형에 가까운 것이 정당 및 후보자의 정책에 기반한 대표적인 정책선거 방식이라고 할 수 있는 매니페스토일진대, 이마저도 유권자들의 충분한 공감을 얻고 있지 못하는 상황이다.

따라서, 누가 과연 참신하고 능력 있는 지방일꾼인가를 최대한 탐색해 봐야 할 것인바, 무엇보다 첫 번째로 지역의 당면과제와 이의 해법에 대한 구체적이고도 실현 가능성이 있는 인지능력과 혜안이 필요하며, 이를 중장기 발전계획에 잘 조화시킬 수 있는지를 보아야 할 것이다. 또한, 1인당 GNP 3만 달러 시대를 목전에 둔 지금 선진국 진입의 문턱을 넘기 위해서는 지방행정의 투명성 확보가 필수적이다. 당선 후 선거비용을 긁어모으는 시대는 지났으며, 시스템을 통한 깨끗한 지방정부 운용으로 사익보다는 공익을 우선시하고, 개인적 이해관계보다는 다수의 주민입장을 대변할 수 있어야 할 것이다. 그리고 지방자치제의 성숙이 민주주의의 꽃인 만큼 중앙정부에 협조하되 휘둘리지 않고 모든 정책결정을 지역의 특성에 초점을 맞춰 지역주민들과 함께 한다는 분권 및 주민자치 의지가 강해야 할 것이다.

이제 6.4 지방선거가 며칠 남지 않았다. 지방선거가 풀뿌리 민주주의의 기초를 튼튼히 하고 자기가 살고 있는 지역발전에 그 영향력이 점증하는 추세라고 볼 때 누구를 선택할 것인가 하는 문제는 아무리 강조해도 지나치지 않는다. 통일시대에 대비한 준비 정도에 따라 통일은 대박 또는 쪽박이 될 수도 있음을 명심하여 무조건적 3연(지연, 학연, 혈연)보다는 참신한 혜안과 선진국형 투명성 그리고 분권 및 주민자치 의지를 갖춘 인물을 최대한 찾아냄으로써 경기북부가 균형 잡힌 지역발전을 이루어 통일의 굳건한 초석이 되기를 희망해 본다.

『노벨상이 최고선은 아니지만…!』

'2012 런던올림픽 5위' '국제수학올림피아드 1위' '세계무역 8강' '30초 43억 원, 미국 슈퍼볼 광고를 한국이 장악' '인터넷 접속율 세계 1위' '블룸버그, 가장 혁신적인 50개국에 한국 2위' 등등…. 러시아의 1/170 정도의 땅덩어리인 우리나라의 위상치고는 대단하지 않은가? 더구나, 전쟁의 폐해를 겪은 지 불과 60여 년 만의 각종 성적표로서 가히 '한강의 기적'이라고 불릴 만하다.

그러나 그렇지 못한 것이 있다. 노벨상이다. 1896년 제정 이후 경제학, 문학, 물리학, 생의학, 화학, 그리고 평화 부문으로 구분하여 시상하는데, 현재까지 72개국이 수상을 했다. 미국이 350회로 최다이며 일본이 20회 그리고 중국이 10회를 수상했다. 불행히도 우리나라는 단 1회, 그것도 북한을 최초로 방문한 결과의 평화상이다. 우리가 즐겨 사용하는 수치상으로는 72개국 중 후진국인 가나, 미얀마, 베트남 등과 함께 공동 63위인 것이다.

노벨상은 분명 인류의 최고선은 아니다. 그러나 세계에서 가장 권위 있는 상이 무엇이냐고 묻는다면 아마도 대다수의 사람들은 노벨상(Nobel Prize)이라고 대답할 것이다. 나름대로 가치가 있다는 얘기이다. 그렇다면, 과학 분야 수상자만 16명을 배출한 일본을 부러워하며 왜 우리는 단 한 명도 수상을 하지 못하는가?

한마디로 창의력 부족이다. 지금까지의 교육은 창의력을 키우려 하기보다는 주입식에다 암기식이기 때문이다. 유치원생 때부터 생각을 열심히 하기(think hard)보다는 구구단을 열심히 외우는 것(work hard)으로 배움을 시작하여 암기력을 요구한다. 그렇다면, 암기식이 아닌 미국 등으로의 조기 유학생들에게서 수상자가 나와야 하나 그들 역시 습관에 젖어 그 나라 안에서의 SAT(미), IELTS(영) 등 시험을 위한 공부를 하게 되기 때문이다.

어떻게 해야 할까? 기초분야에 투자를 늘려야 함은 기본이다. 그러나 그것만으론 안 된다. 더욱 중요한 것은 순수 창의지식이다. 지식을 대하는 내면의 태도를 바꿔야 한다. 지식을 위한 지식을 쌓아가야 한다. 우리나라가 지금까지 여러 분야에서 두각을 나타내며 선진국의 문턱까지 달려온 것은 지식을 새롭게 발명하는 신지식보다는 남의 지식을 최대한 빨리 얻어내려고 좇아

온 결과였다. 창의적 신지식이 부족했기에 노벨상을 수상하지 못한 것도 같은 맥락이다. 노벨상을 받은 대부분의 학자들은 노벨상을 받기 위해 연구하지 않았으며, 지식을 즐기며 늘 새롭게 연구한 결과 노벨상을 받았다고 한다.

따라서 우리는 창의적 사고를 제고시키는 보편화된 사회분위기를 만들어야 한다. 경제문제는 어느 정도 해결되었으니 돈과 명예를 위해 지식을 만들기보다는 다양성과 자유를 존중하고 기본과 기초를 중시하는 새로운 지식습득체계를 세워야 한다. 창의적 사고는 모든 것이 조화로운 환경에서 싹을 틔운다. 세렝게티 대초원에 사자가 없으면 지금 당장은 가젤이나 누우 등 초식동물의 낙원이 되겠지만 불과 몇 년 만에 엄청 번식한 초식동물들로 풀들은 바닥을 보이고 초식동물들은 고사하고 말 것이다. 세렝게티 초원에 사자와 가젤이, 지구상에는 남성과 여성이, 국가에는 문관과 무관이, 학문에는 인문학과 이공학이 서로 조화를 이뤄야 한다. 또한, 머리로 지식을 깨닫고 가슴으로 지혜를 느끼며, 이치를 배워 지식을 쌓고 살면서 지혜를 체득하여야 한다.

노벨상을 받기 위해 노력한다면 결코 노벨상을 받을 수 없을 것이며, 노벨상은 즐기기 위한 사람들에게 돌아갈 수밖에 없음을 명심해야 한다. 비교적 유복한 환경에서 자란 가수 싸이가 돈이 아닌 음악 자체를 즐기며 고뇌한 결과 빌보드차트에 상위 랭크되면서 세계적인 가수가 된 것처럼, 노벨상을 포기하고 모든 것이 조화로운 사회에서 각자가 즐거운 마음으로 밤잠 설쳐가며 우리 고유의 새로운 지식을 하나씩 쌓아갈 때, 앞에 놓여 있는 선진국 진입의 문턱을 넘을 수 있을 것이며, 포기했던 노벨상을 자연스럽게 수상하게 될 것이다.

사회비용,
이제는 한 번쯤 생각을…

　포천 지역의 한 고등학교에서는 올해부터 감독 없이 시험을 치름으로써 학생들의 정직성과 자율성을 신장시키려 한다고 한다. 이는 이런 효과 외에도, 선생님들로 하여금 그 감독시간에 더 생산적인 일을 할 수 있는 기회를 제공한다.

　얼마 전 한 조간신문에 발표된 법무부 인사발령의 규모를 보고 다소 안타까웠다. 이들에게 지급되는 엄청난 인건비는 사회정의가 확립되면 지출하지 않아도 되는 아쉬운 비용이기 때문이다.

　가끔 동네목욕탕에 가면 수도꼭지를 열어놓은 채 물을 펑펑 쓰는 사람들을 종종 보게 된다. 공장에서 나오는 폐수를 정화하려면 돈이 들기에 밤이 되면 몰래 방류하고 어쩌다 비라도 내리면 마구 버린다. 공장장은 비용을 아끼지만 한강은 오염되고 국가는 결국 세금으로 엄청난 정화비용을 지출하게 된다.

사회비용이란 개인에게 구체적으로 부과되는 개인지출과는 달리 사회구성원 전체에게 발생되는 비용으로 쉽게 측정할 수 없는 특징을 가지고 있다. 사회비용이 야기되는 가장 큰 요인은 불신과 갈등일 것이다. 이 불신과 갈등으로 인해 야기되는 사회비용은 어느정도 될까. 의정부 사패산 터널공사를 비롯하여 MBC 사장 파문, 한미FTA, 그리고 제주 강정마을 등 굵직한 일이 있을 때마다 사회갈등을 야기하는 촛불집회는 이어졌다. 한국경제연구원 통계자료에 의하면 재작년 5월부터 8월까지 열린 촛불집회에 의한 직접적 피해액은 1조 574억 원 그리고 사회불안정으로 발생한 국가적 손실액도 무려 2조 6938억 원에 달했으며, 삼성경제연구소는 2010년 기준 우리나라의 사회갈등 수준이 OECD 27개국 중 2위로서 그에 따른 경제적 손실이 연간 82조 원에서 246조에 이르는 것으로 추산하였다.

따라서 이 엄청난 사회비용을 줄여 GNP 4만 달러를 만들기 위해서는 사회적 불신과 갈등을 해소할 수 있는 방안을 찾아야 한다. 이미 경험한 노사정위원회, 국민대통합위원회, 언론중재위원회 외에 새롭게 기획하고 있는 국가공론위원회, 갈등조정위원회 등과 같은 기구들도 좋지만 거의 모든 것이 투명한 서구사회처럼 눈에 보이지 않는 국민들의 의식수준을 높여야 한다. 먹고 입는 원초적 욕구마저 불가능한 사회에서는 우선 생존을 위해 불신과 갈등이 없을 수 없지만, 우리나라처럼 어느 정도 경제 문제가 해결된 시점에서 GNP 4만 달러대의 선진국으로 진입하기 위해서는 전체 지출 중 눈에 보이지 않는 이 사회비용을 줄여야만 할 것이다.

요즘 매스컴에 오르내리는 '비정상화의 정상화'가 둔탁한 느낌은 들지만 사회비용 지출을 줄일 수 있는 좋은 단어 중 하나임에 틀림없을 것이다. 다만, 그 과정에서 국민의 기본권이 제한받거나 약자가 억눌리게 되어 균형 잡힌 시각을 잃게 된다면 또 이로 인한 사회비용은 전체 국민들의 몫이 됨을 명심해야 한다.

무감독 시험 기사가 마치 누군가에게 보여주기 위한 전시성 행사가 아니었나 하는 의구심이 국민 모두의 머리에서 말끔하게 지워질 때 우리의 사회는 한 단계 상승할 것이고 GNP도 3만달러를 넘어 4만 달러가 되지 않을까?

일본
국수주의(國粹主義)

"우리는 패했지만 조선이 승리한 것은 아니다"

대한민국 역사를 말살한 일제 조선의 마지막 총독이었던 아베 노부유키가 한 말이다. 그런데, 이제는 현재의 총리대신인 또 하나의 아베(신조)가 우리를 가슴 아프게 하고 있다. 뼛속까지 극우라는 아베는 제2차 세계대전의 A급 전범인 기시 노부스케 전 총리의 손자로서, 후광을 등에 업고 2006년에 최연소로 일본의 제90대 총리를 역임했다. 그래서 조부의 넋이 있는 신사참배에 더욱 열을 올리고 있는지도 모를 일이다.

'독도', '위안부' 그리고 'A급 전범 14명이 안치되어 있는 신사 참배' 등… 심지어 아베는 생체실험으로 악명높았던 731부대를 연상케 하는 731 시험비행기에 올라 사진 포즈를 취하는가 하면, 군국주의 노선에 걸림돌로 작용하는 96조 헌법을 고치기 위해 일본 프로야구 시구장에 백넘버 96을 달고 나올 정도이다. 쓸데없는 자신감의 발로이며, 이웃을 약 올리는 행동이 아니고 무엇인가? 이 모든 것들이 해방 후 70주년의 문턱에서조차 끊임없이 한일 간의 선린관계를 가로막고 있다. 한때, 일본의 백화점과 상점, 길거리에서는 한국 노래를 어렵지 않게 들을 수 있었으나 지금은 그 모습을 찾기 어려워졌다고 한다. 오히려, 아베 취임 이후 일본의 혐한시위가 10배로 급증하여 불과 2년 만에 분위기가 180도 바뀐 것이다. 그 이유가 무엇일까?

일본은 우리나라를 강점하였고 물자와 사람까지 수탈하면서 우리 민족을 짓밟았다. 특히 전쟁을 위하여 젊은 여성들을 강제하여 위안부로 전락시켰는가 하면 100만 명 이상의 조선인을 징용하여 일본 내륙과 동남아 등의 식민지에 보내 노동력을 갈취하였고, 군량미 조달목적으로 조선 전역에서 생산량의 절반 이상을 강제로 공출해가기도 하였을 뿐 아니라 창씨개명을 통해 민족의 원천마저 근절하려 했다. 이와 같은 전력(前歷)에, 총리대신을 경험했던 아베 총리가 양적완화와 엔저 정책을 펴면서 70%에 육박하는 지지율을 받자 거리낌 없는 국수주의의 전사로 다시 태어나 이웃을 조롱하며 약 올리고 있는 것이다.

그러나 지구는 둥글고 빛은 그늘을 수반하며 낮과 밤은 교차하는 것이 자연의 이치다. 한국전쟁을 통해 막대한 경제발전의 기틀을 다진 일본이 세계 2위의 경제대국이 되어 아직도 우리를 무시하고 있지만 머지않은 장래에 회한의 아픔을 맛볼 수도 있는 것이다. 선진국 중에서도 자연재해 대비에 철저한 일본에서 대지진으로 2만 명 이상이 숨졌다는 것은 믿기 힘든 일이며, 불과 2년 전 집보다 높은 쓰나미에 의해 일어난 원전사고는 전 세계를 공포의 도가니에 몰아넣고 있다. 또한, 무역수지 역시 3년 연속 적자를 기록하고 있으며 금년 상반기 중에는 약 5조 엔의 적자를 보이고 있다 한다. 과거 일본의 무역 및 경상수지 흑자액이 한국의 10배 안팎이었던 시절을 떠올리면 격세지감(隔世之感)이다. 국내총생산(GDP) 역시 지난 2/4분기에 3.8%이던 것이 3/4분기에는 1.7%에 머물 전망이라 한다.

반면, 우리나라는 작년에 영국에서 개최된 올림픽에서 일본보다 훨씬 앞선 세계 5위를 기록했으며, 국가신용등급도 이미 뒤바뀌었고 금년 중의 무역수지도 앞지를 것이라는 전망이다. 또한, 우리의 세계 D램시장 점유율이 69.6%(2012)로서 일본을 멀찌감치 따돌렸으며, 한때 워크맨으로 세계를 주름잡았던 소니의 매출액(76.2조: 2012)은 삼성전자(201.1조)의 반에도 미치지 못하는 것은 물론 소니와 파나소닉 그리고 샤프의 매출실적을 합(188.9조)해도 삼성전자에 못 미치고 있다. 이들 모두 아직은 미미한 출발이지만 자동차마저 토요타를 앞지른다면 그야말로 일본침몰은 영화가 아니라 현실이 될 수도 있음을 알아야 할 것이다.

어쩌면 이웃을 무시하는 외교적 초강수를 두고서라도 속내 깊은 곳에 자리 잡고 있는 그들만의 야욕을 채운 뒤, 새로운 정권을 내세워 적당히 사과하면서 유야무야 식으로 넘기려는 전략이거나 향후 언젠가 중국과의 관계 개선을 통해 원칙론을 고집하는 우리나라를 고립시켜 타개하려는 전략일 수도 있을 것이다. 그러나 당장 눈앞의 '국수주의'에 눈이 어두워 정의가 무엇인지 바라보지 않는 태도는 머지않은 미래를 볼 때 그저 안타까울 뿐이다. 과거 가해자인 일본이 쇼비니즘에 갇혀 있는 한 한국인들은 결코 과거를 잊지 않고 오히려 적대감만 더 커질 것이라는 점을 명심해야 할 것이며, 피해자들 대부분이 고령으로서 시간이 더 흐르면 그때는 진심으로 속죄를 하려 해도 이미 버스가 지나간 뒤임을 정말로 뉘우쳐야 할 것이다. 그리고 한중일이 뭉치는 날 세계의 중심은 아시아로 이동된다는 것도 전향적으로 새겨보아야 할 것이다.

톨레랑스
(Tolerance)

"진실과 정의가 끝내 이길 것이다" 한 종북인사가 이달 초 자신의 페이스북에 쓴 말이다. 왜 그럴까? 현 세기에 가장 폐쇄적이고 자국민이 탈출하는 극빈의 세습 독재정권에 대하여 어떤 생각인가? 이즘(ism)의 속성에 깊이 감염되어서인가!

제2차대전 무렵 영국의 명문 케임브리지대학 출신 영국인 5명이 공산주의 이론에 빠져 소련 간첩이 되어 고급 국가정보를 소련에 넘겼다고 한다. 얼마 뒤, 공산주의를 지향한다는 소련 땅에서 인민들의 처참한 생활상 목격과 함께 소련의 현실과 스탈린의 정체를 알고서도 그 들은 그 '이념'을 바꾸지 않았으며, 심지어 스탈린에게 더 많은 영국 기밀을 넘기기 위해 밤낮으로 일했다고 한다. 1980년대 우리나라의 대학가에도 주체사상이 번져 나갔다. 이른바 '위수김동'(위대한 수령 김일성 동지)을 운운하며, '주체사상에 대하여'라는 짧은 문건이 당시 대학가에 널리 읽혔다. 이들이 말하는 '주체사상'의 이념적 실체는 '우리민족끼리'로 표현되는 극단적 민족주의로서, 수백만 인민을 아사시키는 최악의 1인독재 세습통치라도 '우리민족끼리'만 살 수 있다면 그것이 최고선이라는 허황된 발상이었다. 그러나 그 후 사회주의권 몰락과 북한의 비참한 실상이 드러나면서 많은 주사파들이 진실을 받아들이고 발길을 돌렸으나 이즘에서 헤어나오지 못한 소수가 묵비권행사 및 증거조작설, 공판투쟁 등과 같은 고유의 침투 및 투쟁방식으로 혼란을 부추기고 있는 것이 현실이다.

중요한 건 이와 같은 세력들의 실존(fact)여부이다. 진실 여부는 신(神)만이 알 것이나 그들의 상투적인 행태로 미루어 가히 확신할 수 있다. 처음에는 회합(RO)이 없었다고 하다가 탄로나자 회합은 있었지만 종북발언은 없었다에서 그것은 조작된 것이라고 하다가 결국은 농담이었다는 식이다. 이들의 뻔뻔함, 당돌함은 그들이 갑이고 대한민국이 을인 것처럼 만든다. 이들은 흑과 백을 가리지 않는 것이 아니라 입맛에 따라 흑백을 편리하게 뒤바꾸는 세력이라는 걸 스스로 증명한 셈이며, 감히 국가(국회)에게 요구한 군사 관련 자료들의 면면을 살펴보면 더욱 확실해진다.

다소의 진상이 밝혀져 다행이면서도 아쉬운 것은 이들이 어떻게 이와 같은 제도권 내로 들어왔는가이다. 기생충은 숙주를 통해서 침투한다. 과거 국사범을 생계형 범죄에 포함시켜 사면복권해준 것을 시작으로 지난 총선에서 '오직 승리'라는 일념으로

야권 선거연대를 한 결과이다. 종북 세력은 대중의 인기를 상실했지만 선거와 야당을 숙주 삼아 영향력을 다시 키워온 것이다. 여당 역시 대선을 앞둔 시점에서 종북문제를 파헤치면 '수구꼴통'으로 몰려 표의 이탈을 두려워한 것도 일조하였다. 국회에선 운영자금을 지원받았고 야당에선 정치적 힘을 얻었다. 더 근본적인 문제는 과거 민주화운동 이후 반 국가적 행태에 대한 시각이 너무 관대해졌을 뿐 아니라 경제력·군사력 또한 북한보다 절대우위에 있어 아무리 친북·종북이라도 어쩔 수 없을 것이라는 우리 국민들의 안보불감증인 것이다.

아직도 남북이 대치하고 있는 유일한 분단국이지만 우리는 글로벌 레이블에 맞춰 다원적인 사회를 추구하고 있다. 사상의 자유와 다양성 간의 경쟁은 자유민주주의의 기본이다. 그러나 진보와 보수가 선의의 경쟁을 통해 공존하기 위해서는 진보가 더 이상 종북의 숙주가 되어서는 안 되며 대한민국이라는 울타리가 확고해야 한다.

반테러 작전을 위해 시민들을 감청했던 미 당국을 폭로한 스노든은 영원히 미국 땅을 못 밟을 것 같고, 위키리크스의 군사기밀 폭로에 관련된 매닝은 그가 단지 일등병인데도 35년의 징역형을 받았다고 한다. 꺼져가는 촛불에 기름이라도 붓고 싶을 통진당 대표가 촛불집회를 호소해 보지만 반향 없는 메아리이다.

결국은, "진실과 정의가 끝내 이길 것이다"

'문화 권력'의 힘

박쥐는 새처럼 날아다니는 유일한 포유류로서 나무에 매달려 거꾸로 잘 뿐 아니라 새끼를 낳을 때도 만유인력을 거스르면서 거꾸로 출산한다. 그러나 박쥐 자신들은 '거꾸로 낳기'가 아니라 신이 부여한 바에 따라 한 치의 의심도 없이 '바로 낳기'라고 좋아한다. 박쥐들의 세계이고 박쥐들만의 문화인 것이다. 지금 우리는 문화라는 말의 홍수 속에 살고 있다. 문화란 인류에게서만 볼 수 있는 사유(思惟)와 행동의 양식 중에서 유전에 의하는 것이 아니라 학습에 의해 소속집단 내에서 습득되고 전달받는 것으로서, 좁게는 보다 진보되고 개량된 생활양식만을 의미한다.

문화는 크게 정신문화와 물질문화로 대별할 수 있는데, 물질문화는 정신문화에 따라 발전하며 일반적으로 문화라고 하면 정신문화를 일컫는다. 이처럼, 물질과 정신문화가 혼합되는 현세에서 우리는 아직도 물질에 치중한 나머지 정신문화에는 관심을 가질 여력이 없어 보인다.

문화는 다양하지만 각각의 문화는 그 자체가 유일한 것이며, 고유한 자체의 내적 기준에 따라 판단해야 하므로 모든 문화들을 비교 평가할 수 있는 절대적 기준은 존재할 수 없다. 그러므로 어떤 문화가 다른 문화보다 발전되었다거나 우월하다고 말할 수 없으며, 그 자체의 고유한 맥락과 가치에서 이해되어야 한다. 또한, 일단 형성된 문화는 사회 구성원들에게 끊임없이 전달될 뿐만 아니라 암묵적으로 그것을 따르도록 종용받는 반 강제력을 수반하고 있는 아름다운 불문율이기도 하다. 이것은 문화가 이미 하나의 힘으로 작용하고 있다는 의미이며, 그것은 우리가 사용할 수 있는 힘일 수도 있고, 우리가 억압당하는 힘이 될 수도 있는 것이다. 바야흐로, 정치권력 못지않게 문화권력이 더욱 힘을 받는 시대가 되어가는 것이다.

문화는 인간의 과거에서 비롯된 유산이기에 현재에 영향을 주고 미래를 예측 가능하게 하기도 한다. 과거 오래전에 우리의 할머니들이 치마에 돌을 날라 왜군을 무찔렀던 행주대첩, 근면·자조·협동의 기치 아래 생활태도 혁신·환경개선 등을 통해 낙후된 농촌을 근대화시키려 했던 새마을 운동 그리고 국가재정이 풍전등화에 처했을 때 너 나 할 것 없이 장롱 속의 금붙이를 꺼내 은행으로 가져갔던 금 모으기 운동 등과 같이 국가를 살리고 살찌웠던 큰 문화가 있는 반면에, 아직도 등산로와 유원지 심지어 아파트 내의 정자에까지 술병과 깡통 등이 널려 있는 현실과 조금이라도 내 지역에 피해가 올까 우선 드러눕는 님비(NIMBY)식 사고와 같이 후진적 문화가 상존하는 것도 현실이다.

2010년도 우리나라 자살률이 세계 1위로 경제협력개발기구(OECD) 회원국 평균의 2.6배로서 우리만 늘어났다고 한다. 영국 신경제재단(NEF)에서 발표한 우리나라의 국가별 행복지수는 63위로서 세계무역 8강의 경제대국이 되었음에도 국민들은 갈수록 살기가 더 힘들어짐을 느끼며, 빈부격차도 심해져서 상대적 박탈감이 점증함도 사실이다. 행복을 연구한 사람들에 따르면 국민소득 2만 달러를 넘어서면 소득의 증가가 행복지수를 높이는 데 거의 기여하지 못한다고 한다. 국가경쟁력은 인간의 다양한 가치를 존중하고 다양한 능력이 보상받으며 서로의 가치를 인정하는 역동적인 문화에서 나온다고 한다. 새마을 운동이 국민소득 1만 달러 시대를 열었고, 민주화운동이 2만 달러 시대를 열었다면 이제 3만 달러 시대를 열기 위해서 우리의 문화수준을 한단계 업그레이드해야 되지 않을까? '질서', '신뢰' 그리고 최소한 이기주의가 아닌 '개인주의'라도….

환경문제,
'끓는 물 속의 개구리'로 둘 것인가?

옛날 조선시대 충청도의 한 문하생이 반딧불을 등불 삼아 주야로 공부한 뒤 짚신 10켤레를 짊어지고 몇 날 며칠을 걸어서 마침내 한양에 당도하니 이미 과거는 끝나고…! 요즘은 제주에서 아침을 먹고 비행기에서 편히 앉아 신문을 읽다가 서울에서 점심을 먹는다. 그런데 마트에서 야채를 구입할 때는 잔류농약을 걱정해야 하고, 신축된 새 아파트에서는 새집증후군을 걱정해야 한다. 좀 더 멀리 보면, 온실가스에 의한 지구온난화와 생태계 파괴에 따른 오존층 붕괴 등이 미래 언젠가는 지구의 '종말'이라는 단어를 걱정하게 할지도 모를 일이다.

이처럼 인류에게는 산업혁명을 기점으로 높은 생산성에 의한 소비경제가 발달하였고, 소비경제의 발달은 궁극적으로 자연환경의 파손을 가속하는 결과를 가져왔다. 자연환경이란 인간의 활동에 영향을 주는 동시에 거꾸로 영향을 받는 공기, 흙 등과 같은 요소들로서 작게는 우리 집, 크게는 지구 전체에 영향을 미친다.

본래 인간을 포함한 지구 생명체들은 자연으로부터 먹거리와 기타 생존에 필요한 물질을 공급받아야만 하며, 그 과정에서 불가피하게 환경이 손상을 입게 되지만 복합적인 생태계의 작용에 의해 복구, 유지되는 것이 대자연의 법칙이었다. 그러나 이제는 환경트러블이라고 해야 할 정도로 해가 갈수록 환경손상과 자연복구 사이에 그 불균형이 더 커져 가고 있다. 이 심화된 환경문제는 이제 변형 이전의 본래 상태로 되돌아갈 수 없는 비가역성(non-reversibility)을 갖게 되었으며, 한때 찬란했던 고대 문명의 발상지였으나 지금은 산업화로 오염된 황하의 중금속 모래먼지가 한반도를 오염시키게 되는 '그 누군가의 문제(somebody else's problem)'로까지 확대되고 있다. 산하의 무차별적인 난개발과 인간의 이기적인 삼림벌채는 장시간에 걸쳐 생태계 및 지구의 변화를 촉진시킴으로써 우리의 후세들이 누려야 할 생존권을 위협하고 있는지도 모를 일이다.

환경에 대한 세계적 관심은 이미 오래전부터 있어왔던 바, 'Green Peace'(1971, 27개국 450만 회원)'나 'Friends of the Earth (1969, 51개국 476만 회원)' 등이 국제적으로 큰 활동을 해오고 있다. 우리나라의 경우에는 먹고살기에 급급했던 1960~70년대에는 경제성장이라는 논리에 밀려 사회적 관심을 받지 못하였으나 이후 계속된 산업화정책에 따라 그 부산물로서 환경오염이 심각해지면서 관심을 갖게 되어 1980년 7월에 처음으로 환경문제를 총괄할 '환경청'이 발족하였고, 녹색연합과 유엔환경위원회 등의 환경단체들이 활동해오고 있다.

이처럼 환경문제는 후기산업사회의 가장 심각한 문제 중의 하나로 인식되고 있으며, 우리 세대들보다 후손들의 생존을 지키기 위해서라도 사회 각 분야에서 관심을 가져야만 하는 중요한 문제라고 할 수 있다. 또한, 환경문제는 정부나 환경단체의 힘만으로는 결코 해결할 수 없으며, 이 지구상에서 숨 쉬고 있는 모든 사람들의 참여를 통해서 문제를 해결해야 하는 과제이기도 하다.

"안전은 100에서 1을 빼면 99가 아닌 0"이라고 하지만 환경문제는 소위 '끓는 물 속의 개구리'처럼, '100−1은 99요, 99−1은 98'로서 언젠가 0이 된다면 더 이상 인류의 설 자리는 없게 된다. 부디, 인류의 지속 가능한 발전(sustainable development) 즉, 우리들 세대뿐 아니라 이어지는 후손들 모두에게 행복한 삶이 될 수 있도록 지금부터라도 주변 환경문제에 관심을 기울여보자.

2부

망루에
올라서

"신들의 산, 킬리만자로!!"

킬리만자로(Mt. Kilimanjaro, 5895m) 등정 개요

◎ 위치 : 탄자니아

  아프리카 동부에 위치하며, 인구는 5900만여 명. 면적은 한반도의 4배 정도
  (94만km2). 적도기후. 스와힐리어/영어. 이슬람교(35%)/그리스도교(30%).
  중앙집권공화제 국가

◎ 킬리만자로(스와힐리어로 '빛나는 산'이라는 뜻)

  높이 5895m(아프리카 최고봉). 동서 간 지름 80km. 1889년 독일의 지리학
  자 한스 마이어가 최초로 정상에 오름

◎ 등반 일정

  2019. 6. 8(토)~7. 7(일) 9박 10일

◎ 여행 경로

  인천공항 ⇒ 아디스아바바(에티오피아) ⇒ 킬리만자로 공항(탄자니아) ⇒
  킬리만자로 산

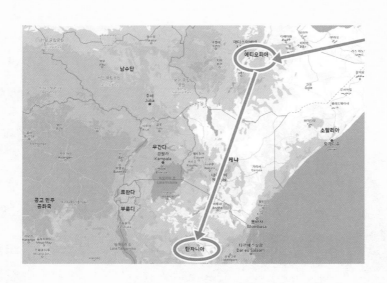

Day	스케줄	걷는 거리 및 소요시간	
1일 차	[21:30]인천공항 혜초미팅		
2일 차	[01:05]이륙/아디스아바바(환승) /킬리만자로공항	비행(12시간05분)+(2시간35분)	
3일 차	모시/마랑구게이트 /만다라산장(2720m)	8.2km	3~4시간
4일 차	만다라산장/호롬보산장(3720m)	11.7km	6~7시간
5일 차	호롬보산장(고산적응일)	6.5km	4시간
6일 차	호롬보산장/키보산장(4700m)	10.1km	7~8시간
7일 차	키보산장/정상(5895m)/호롬보산장	22km	12~14시간
8일 차	호롬보산장/마랑구게이트/모시	20km	5~6시간
9일 차	[15:30] 킬리만자로 국제공항 출국	비행(2시간 30분 + 11시간 20분)	
10일 차	[16:55] 인천공항 도착&해산		

◎ 킬리만자로 코스

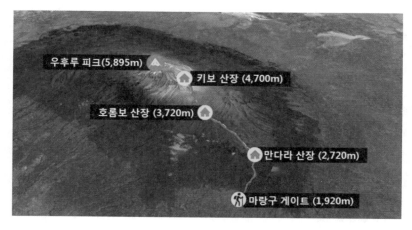

◎ 준비물

기본	여권, 황열병 예방접종 증명서, 달러, 비자카드, 스마트폰, 현금(현지 스탭 팁 $160, 탄자니아 비자비용 $50, 호텔 매너팁 $1, 기타 음료비용 및 기념품 구입을 위해 달러 소액권으로 준비), 카메라
필수	겨울 등산 복장(상의: 파카/패딩/재킷/셔츠, 하의: 얇은/겨울용, 레깅스), 보온모자, 보온양말, 속옷, 캬라반모자, 벙거지, 버프, 스패츠, 판초우의, 등산화, 샌들, 겨울침낭(헤초임대), 장갑(춘추, 겨울용), 등산스틱 배낭, 세면도구, 물티슈(다량), 타올, 선글라스, 아이젠(6발 이상), 헤드랜턴(여분 배터리), 손전등,립밤, 선크림, 반창고, 날진(Nalgene) 물통 2개, 보온물통 1개, 손목시계 멀티어댑터(충전용UK), 건전지, 멀티잭, 보조배터리(건전지 포함), 핸드폰 충전 잭
추가	무릎보호대, 코뺑/입안, 파스, 후시딘, 셀카봉, 보이스메모리(사후기록물), 필기구, 구강청정물, 다용도칼, 행동식(초콜릿, 영양갱), 핫팩, 상비약(혈압약, 감기약, 소화제, 지사제 등), 고산증 약(다이아막스), 간식(건과일, 초콜릿, 에너지젤), 여행자보험, 간이우산

출발 전 이야기

'킬리만자로' 하면, 우선은 조용필의 '킬리만자로의 표범'을 떠올린다.

먹이를 찾아 산기슭을 어슬렁거리는 하이에나를 본 일이 있는가?
짐승의 썩은 고기만을 찾아다니는 산기슭의 하이에나!

나는 하이에나가 아니라 표범이고 싶다.

산정(山頂) 높이 올라가 굶어서 얼어 죽는 눈 덮인 킬리만자로의 그 표범이고 싶다.

자고 나면 위대해지고 자고 나면 초라해지는 나는 지금 지구(地球)의 어두운 모퉁이에서 잠시 쉬고 있다.

야망에 찬 도시의 그 불빛 어디에도 나는 없다.

이 큰 도시(都市)의 복판에 이렇듯 철저히 혼자 버려진들 무슨 상관이랴.

나보다 더 불행하게 살다간 고호란 사나이도 있었는데!

바람처럼 왔다가 이슬처럼 갈 순 없잖아! 내가 산 흔적(痕迹)일랑 남겨둬야지.

한 줄기 연기처럼 가뭇없이 사라져도 빛나는 불꽃으로 타올라야지.

묻지 마라! 왜냐고 왜 그렇게 높은 곳까지 오르려 애쓰는지 묻지를 마라.

고독(孤獨)한 남자의 불타는 영혼(靈魂)을 아는 이 없으면 또 어떠리!

화려하면서도 쓸쓸하고 가득 찬 것 같으면서도 텅 비어 있는 내 청춘에 건배!

내가 지금 이 세상을 살고 있는 것은 21세기가 간절히 나를 원했기 때문이야.

산에서 만나는 고독(孤獨)과 악수하며 그대로 산(山)이 된들 또 어떠리.

다시 읽어봐도 뭉클하다!

왜, 그리 높은 곳에 오르려 하는가?

법정 스님께서 '산은 산이요, 물은 물이로다'의 의미를 묻지 말고 스스로 깨우쳐야 한다고 말씀하신 것처럼 그 심오한 자연과 인간 섭리의 결합을(속된 말로 도를 닦아서) 해야 한다. 높이 올라가면 멀리 볼 수 있고, 멀리 볼 수 있다는 건 이미 게임을 반 이긴 셈이다. 독수리가 높이 오르는 것도 마찬가지이고, 전쟁에서도 가장 높은 곳에 망루를 설치하는 이유이다. 또한, 정상에 이르기 위해서는 급경사와 세찬 눈보라 그리고 고산증 등 어쩌면 운명을 달리해야 할 모험을 감행해야 하는 등 우리의 일상생활에서는 차마 범접할 수 없는 여러 악조건을 이겨내야만 한다. 그리고 그런 목숨을 걸 정도의 악조건을 이겨내고 정상에 올라갔어도 그곳에서 머무는 순간은 잠시뿐! 다시 내려와야만 하는 것이 우리의 운명이요 세상 이치이다.

그렇다. 우리는 평생을 그 무엇을 위해 열심히 살아간다. 성공이라는 목표에 도달하기도 하고 실패의 쓴맛을 삼키기도 한다. 우리 삶에 영원히 지속될 것 같은 기쁨도 잠시요, 고통 또한 끝이 있다. 올라가는 것도 중요하지만 내려오는 것 역시 중요하다. 모든 건 위대한 대자연의 하위 개념일 뿐이다.

어쩌면 이 노래가 나를 킬리만자로로 이끌었는지도 모른다.

사실 처음에는 킬리만자로가 어디에 있었는지도 몰랐고, 그저 고산이 많은 에베레스트 근처 어디에 있겠지 했다. 중앙아시아 대륙에서 높은 산은 K2, 칸첸중가, 안나푸르나 등의 에베레스트(8848m) 계열이며, 유럽대륙에서는 엘부르스(5642m)이고, 아프리카 대륙에서의 최고봉은 킬리만자로(5895m)라고 한다. 또한, 가장 사망률이 높은 산은 아이러니컬하게도 비교적 쉬운 코스로 알려진 안나푸르나이고, 가장 많이 등정에 성공한 산은 이것 역시 아이러니컬하게도 에베레스트(8848m)라고 한다. 물론, 일반 인이 아닌 전문 산악인 기준이다.

하물며 일반인은 더욱 위험을 감수해야 해서 그래도 눈사태 위험 등이 상대적으로 적을 것 같은 아프리카 대륙을 택했고, 또 다른 위험(?) 때문에 지인 없이 혼자서 다녀온 것 같다. 즉, 지인 과 함께 갈 경우, 그 지인이 중도 포기 상태에 이르게 될 때 이를 그냥 두고 혼자만 가는 것도 아닌 것 같고 반대로 내가 포기 상태에 이를 때 지인에게 도움을 요청하여 그 지인까지 어렵게 얻은 등정 기회를 박탈당하게 하는 것도 모두 안타까운 일이어 서 차라리 혼자 가는 것으로 결정했다. 물론, 나만 혼자이고 함 께 그곳을 등정하는 혜초그룹의 일원들과 함께였다. 순수하게 등정에 필요한 최소 소요기간이 10일 내외이고 비용도 700만 원 선으로 등정에 실패할 경우 이것저것 아쉬움이 남을 수밖에 없지 않겠는가?

자, 떠나보자!

2019년 한참 더운 여름날….

6/28(1일 차, 金)

인천국제공항 1터미널 N카운터에서 관련서류(e-ticket Receipt 등)만 받고, F19~24의 에티오피아 항공 데스크에서 직접 항공 티켓을 수령하고 수하물을 부쳤다. 다행히도 저울 위에 올려진 수하물이 22.3kg이었다. 항공기 티켓 (ET673)은 2장(인천~아디스 아바바와 아디스아바바~킬리만자로)을 한꺼번에 받았다. 작년에 후지 산 갈 때 보조배터리를 수하물에 넣었다가 낭패를 본 경험이 있 어 보조배터리와 건전지 등은 배낭에 잘 챙겨 넣었다. 특별히 할 일이 없어 대기하다가 약국이 보이길래 혹시 고산증 약 좋은 거 있는가 물으니 하나를 줘서 그냥 사버리고(그러나 뒤에 실제로 복용 해보니 그 효능은 잘 모름), 탑승구 게이트에서 대기.

6/29(2일 차, 土)

밤 01:20

오랜 지루한 기다림(대기) 끝 한밤중에, 에티오피아의 아디스아바바 공항으로 향발!

　아디스아바바까지는 12시간 05분 정도의 비행시간이 필요하다. 탄자니아는 한국보다 시차가 6시간 느리므로 에티오피아에 도착하면 낮 01:20인데, 여기에 6시간이 느리므로 아침 07:20에 도착 예정이다. 이륙 1시간여 후, 새벽인데도 저녁인지 아침인지 기내식이 나온다. 생선가스와 월남쌀밥, 빵 등. 커피나 맥주는 위에 부담을 줄까 엄청 망설이다 안 먹는 것으로! 다시 아디스아바바 착륙 3시간여를 앞두고 또 아침인지 두 번째 기내식(달걀찜, 소시지, 화채 등)이 나왔다.

07:20(한국시간 13:20)

아디스아바바(에티오피아) 공항 도착. 아프리카 북부의 관문답

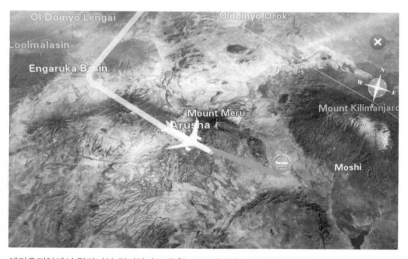

에티오피아에서 탄자니아 킬리만자로 공항으로. 킬리만자로 산이 보인다

게 공항에는 에티오피안(Ethiopian)이라 쓰인 수많은 항공기들이 길게 줄지어 있다. 이 항공기 외에 큰 다른 아프리카 국가의 항공기들은 거의 보이지 않는다. 줄을 맞춰 길게 이어지는 항공기 모습이 인상적이다. 속으로 은근히 에티오피아 항공의 본국이 아프리카 후진국이어서 좀 무시(걱정)했었는데, 이 공항에 줄지어 대기하고 있는 점보비행기 행렬을 보니 생각보다는 훨씬 크고 안정된 모습이다. 하기야 비행기는 미국이나 유럽에서 만든 거니까….

에티오피아 공항에 도착하니 현지 시간으로 아침이다. 킬리만자로 공항으로 커넥팅해야 한다. 이제 외국이니 한글 안내판도 없고 통관대에서 벨트도 풀고 신발도 벗고 검색대를 통과해야 했다. 공항 내에서 긴 시간 대기하다가 09:30에 보딩 시작하여 10:40에 아프리카 중부 탄자니아의 킬리만자로 공항으로 이륙했다. 약 1시간여 후 진짜 아침 기내식이 나온다. 아디스아바바에 올 때에는 그래도 치킨 또는 피시 중 선택할 수 있게 해주더니 이 비행기에서는 아예 피시가 동났는지 묻지도 않고 그냥 치킨만을 안겨버린다. 그런데 치킨의 종류도 여러 가지인가 보다. 좀 낯설었다.

12:30

탄자니아공화국 내 킬리만자로 공항 도착.

입국장에는 현지 매니저(Mr. Hashim)가 나와서 우리를 반갑게 맞아준다. 그리고 킬리 정상까지 우리를 이끌 메인 가이드(Mr. Sylvanus)도 보인다. 바로 비자오피스에서 황열병 예방접종증명서와 입국신고서 그리고 $50의 비자피를 내고 비자를 발급받아야 했다. 황열병(Yellow Fever)은 모기가 매개하는 바이러스 질환으로 지역적으로 적도를 중심으로 위도 20도 내외의 지역(중부아프리카)에서 집중적으로 발생한다고 한다. 나는 출발 2주 전에 의정부성모병원에서 이 주사를 맞고 증명서를 받아왔다.

킬리만자로 공항은 국제공항이긴 하나 지방공항처럼 작은 규모다. 물론, 이용자가 많지 않은지 오늘도 그리 복잡하지 않고, 가끔씩 경비행기들만 이착륙하는 모습이다. 수하물 찾는 곳도 한 곳이고 돌아가는 체인도 없다. 물론, 와이파이도 안 된다.

킬리만자로 국제공항 전경

14:30

탄자니아 입국수속을 모두 마치고 미니버스에 탑승하여 첫날 숙소(Spring land, 3성급)로 향발. 아직도(?) 거리에는 드문드문이긴 하지만 온통 일제 차들뿐이었으며 통행규칙마저 일본처럼 좌측 통행이다. 멀리까지 산이 안 보일 정도로 넓은 들판이지만 왜 그런지 공기는 생각만큼 선명하지는 않다.

제조업이 여기보다 훨씬 발달한 유럽의 중국인 이탈리아보다도 선명해 보이지 않는다. 습도 탓일까? 특별히 공기가 오염될 정도의 제조업이나 굴뚝산업이 발달한 나라도 아니고, 흐르는 바람을 막을 정도의 높은 산들도 없는데…! 한편 탄자니아는 열대지역이고 위도가 1~12도로 한국(38도)보다 훨씬 낮아서 엄청 더울 것이라 예상했는데, 선입견이었는지 기온이 엄청 덥지는

탄자니아 들판! 평화스러우나 잘 다듬어진 느낌은 별로이다

242

않아 보였다.

　차창 밖으로 보이는 드넓은 들판에는 옥수수와 해바라기를 심은 모습이 자주 보이지만 농사에 신경을 쓰는지 안 쓰는지 그냥 보기에는 뿌려놓고 방치하는 수준이다. 이 나라가 정체(政體)는 공화국이나 실질적으로는 사회주의 경제시스템인 것 같다. 면적은 한반도보다 4배 이상 넓고(94만㎢), 인구도 5900만 명이나 된다는데! 경지를 개인에게 완전히 불하하고 그 소득 중 일부를 세금납부하는 시스템과 함께 '근면, 자조, 협동'이라는 새마을 구호를 외치며 정신 개조를 한다면 어떨까 하는 말도 안 되는 상상이 뇌리를 맴돌았다.

　적당히 포장된 길 양편에는 가끔씩 'Wakala' 'Airtel'이라는 상점 또는 핸드폰 가게들(?)만이 보일 뿐 매점이라고 할 정도의 정리된 매점들은 거의 보이지 않는다. 포장도 우리가 지나는 주도로만 포장되어 있고, 그 간선도로들은 붉은 색 황토일 뿐 전혀 포장이 되어 있지 않았다. 집들도 대부분 붉은색 흙벽돌로 지어졌으며, 일을 하는지 안 하는지 젊은 사람들도 말없이 혼자서 오토바이에 걸쳐 앉거나 또는 끼리끼리 앉아 잡담하는 모습이다. 어떻게 생계를 이어가는지 의문이며, 1인당 연소득 평균이 $1,000(지금 인터넷 찾아보니 2018.4월 현재 $526로 세계에서 꼴지 수준임)가 채 안 된다는 전언이다. 아마도, 국민인 개인이 일하고 급여를 받고 싶어도 그럴 기회가 주어지지 않는 것 아닌가 하는 안타까운

탄자니아 거리. 주요 도로만 포장이 되고 간선은 비포장이다

생각이 들었다. 거리를 지나면서 한두 군데 꽤 커 보이는 전통시
장을 볼 수 있었다. 과일이나 생선 등 다양한 상품들과 함께 당나
귀(?) 등에는 팔 물건인지 산 물건인지 알 수 없는 것들이 얹혀 있
는, 마치 우리의 옛날 어린이 그림책에 나오는 상상 속의 그림을
여기 현실에서 보게 된다. 구경해 보고 싶었지만 숙소에서 거리
도 멀고 안전 문제 때문인지 호텔 출입문을 잠가서 통제를 하니
나올 수가 없었다. 그러나 잘 포장되지도 않은 도로에 과속방지
턱만큼은 확실하다. 4중 톱날로 만들어 거의 정차했다가 다시 출
발해야 하는 수준으로 특히 학교 앞에서는 더욱 그러하다. 우리
미니버스 기사님도 충실히 지킨다. 급할 게 없으니….

한 시간여를 좀 더 달려 도착한 첫 번째 숙소인 Springland

Hotel(3성급)이라는 곳. 글쎄! 그래도 3성급 호텔이라 해서 번쩍 빛나는 도시의 꽤 큰 호텔로 생각했으나 조그만 시골마을에 아담한 2층 호텔이다. 그러나 호텔 내부에 들어서니 정원은 이름 모를 꽃들로 잘 가꾸어져 있고 안에 수영장(물이 채워져 있지 않아 이용은 못 함)과 여기저기 모여 담소할 수 있는 장소가 잘 정리되어 있다. 방 안에 들어서니, 철제 침대 2개와 조그만 장식장. 그 외엔 별로 여유공간이 없다. 항공기의 오랜 여정으로 굳어버린 육신을 풀어보고자 욕실로 들어서서 수도꼭지를 돌리니 물이 찔끔 찔끔 나온다. 그것도 적당한 온냉수를 조절하기가 엄청 힘들었다. 이쯤 되면, 우리의 가정은 3성이 아니라 4성 호텔급이라고 해도 과언은 아니리라.

첫째 날 숙소인 Spring Land, 3성급이라 하는데 현지에서 3성급!

암튼 샤워를 마치고 내일부터 시작할 트레킹 준비에 돌입. 여기 모시(Moshi)에 남겨둘 물건(캐리어 등)과 포터가 운반해줄 것(15kg 이하) 그리고 내가 메고 갈 배낭에 넣을 것 등으로 3구분하여 정리해놓고 저녁 7:30에 식당행! 야외정원에 만들어진 식당에서 유럽인들과 함께 뷔

이용요금 안내:
마사지, 커피나무 투어 등

페식 식사이다. 식사 후 식사를 오랫동안 하는 유럽인들을 피해 담소장으로 자리를 옮겨 힘든 여정을 함께하며 동고동락할 17인(인솔자 W과장 포함) 각자에 대해 간단하게 자기소개와 함께 본 트레킹에 임하는 마음가짐 등을 발표하는 시간을 가졌다. 종로상공회의소 소속 산악회원 6명, 인천 건축사 2명, 전라도경찰서 젊은 공무원 2명, 그리고 나머지는 개인으로 여성 2명, 창원 부자 1, 세무사 1, 변호사 1, 그리고 본인 등 16명이다. 나는 작년에 신청했다가 일정이 안 맞아 꿩 대신 닭으로 7.22에 3박 4일 일정으로 후지산 트레킹했던 것을 그래도 경험이라고 소개했다. 그 후 혜초 홈페이지에 기재된 정상 등정률이 80%대인데 우리 팀만큼은 100%를 이루자고 소개했다. 내일을 위해 일찍 21:30에 취침하였다.

6/30(3일 차, 日)

6:00 기상

　15시간여 비행기를 타고 오느라 암튼 잠은 잘 잔 것 같다. 아마도 코를 골았을 것 같은데 룸메이트에 의하면 다행히도 심하지는 않았던 모양이다. 5:30 정도 된 것 같은데 깨어보니, 호텔이 있는 이곳이 시골인가? 꼬끼오 수탉이 연신 울어댄다. 한번 깨니 타국 멀리 이국에서 더 이상 잘 수 없다.

　6시 기상하여 밖으로 나오니, 엥? 엄청 환할 줄 알았는데 하늘에 총총 별과 함께 노란 초승달이 아직도 밤하늘을 영롱하게

새벽 6시! 아직도 어둠 속에 한 점 달이 빛난다

수놓고 있다. 새벽 공기는 어디든 상큼한 듯, 선선한 공기와 초승달 그리고 정원의 이름을 알 수 없는 다양한 꽃들이 조화를 이뤄 나름 3성급 호텔이다. Wifi가 터지는 오직 한 군데인 프론트 데스크 존에 가서 집으로 카톡을 하고 여기저기 산책하며 상큼한 공기와 대화를 하였다.

6:30 아침식사(호텔 뷔페식)

유럽인들과 함께 뷔페식 조식식사 후 짐을 용도에 따라 셋으로 구분해놓고 8시에 정원 집합. 제법 많은 남녀노소 유럽인들은 킬리 등정이 아닌 사파리를 하려는지 긴 안테나가 달린 지프

아침식사 후 킬리만자로로 가기 위해 포터들이 짐을 싣는 모습

차에 타고 우리보다 먼저 출발한다. KBS 1TV 동물의 왕국에서 보던 바로 그 모습이다. 사실, 이번 여행에 킬리만자로 등산을 마치고 사파리를 투어하는 일정(2일 추가)도 있었지만 동물의 왕국 모습은 유튜브나 TV 등에서 여러 번 봐왔기에 이번 여정은 순수하게 등반하는 일정을 택했는데, 그냥 2일을 추가하여 생생한 자연의 모습을 직접 눈으로 감상하는 것도 좋았을까 하는 살짝 후회스런 생각도 스쳐갔다.

8:50 킬리만자로 산의 출입문, 마랑구게이트(Marangu Gate)로 출발

우리는 어제와 같은 미니버스를 타고, 짐은 다른 차의 지붕에 싣고 1시간 반 여정으로 출발. 좁디좁은 버스 길 한켠으로 어디를 오가는지 왜 오가는지 인도와 차도가 잘 구분되지 않은 위험한 길을 많은 주민들이 오간다. 어떤 이는 더운 날씨에 넥타이까지 맨 사람들이 있는가 하면 머리를 휘두른 여성들도 있고. 누구는 걸어서 또 어떤 이들은 오토바이를 타고, 또 누구는 시내버스인 듯한 미니버스를 타고 이동한다.

일요일이라서 종교의식에 가는지 아님 결혼식에라도 가는 모양이다. 통행속도는 50km 제한이라는데 우리의 젊은 운전기사도 너무 답답하게(?) 40여km밖에 속도를 못 낸다. 운전 중에 가끔씩 마주치는 상대방 운전자에게 뭔가 수신호를 해준다. 우리의 옛날 교통경찰이 단속을 할 때 운전자끼리 서로 수신호로 알려주던 바로 그 모습이다. 하~~! 이러한 여러 가지 모습들에서 우리의 60~70년대 모습이 연상된다.

10:50 마랑구게이트(Marangu Gate) 도착

한낮인데도 서늘하다. 여기가 위도상 적도가 맞는지? 여성들은 머리 주위를 감싸는 스카프(?)를 두르고 있다. 입구 광장에는 우리의 짐 운반과 요리 그리고 길 안내 등 트레킹을 도와줄 현지인 도우미 30여 명이 군대훈련 형태로 집합하여 체조운동도 하고 뭔가 리더 가이드로부터 지시 등을 받고 있다.

첫 출발지 마랑구 게이트(1970m)에서 사진촬영 등을 하며 둘러보다가 11:30에 종이박스로 만들어진 행동식(도시락)으로 점심식사를 마쳤다. 내용물은 떡갈비와 치킨, 빵, 바나나, 비스킷, 음료 등으로 양이 많은 편이었다. 식사 후, 킬리만자로 산 모형 앞에서 단체사진 촬영을 하고, 입구를 통하여 드디어 첫 입산 시작!

킬리만자로 입구 주차장

킬리만자로 등산대상자 교육장소

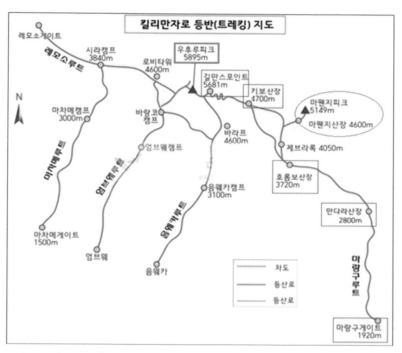

마랑구게이트에서 시작되는
킬리만자로 국립공원 입구

12:00 드디어 킬리만자로 등반 시작, 만다라 산장으로 출발!

* 킬리만자로의 자연환경

	지대	고도	산소량	온도
고 저	빙하	5~6000m	50% 이하	−7~−10°
	사막	4~5000m	55%	−5~4°
	황야	3~4000m	65%	0~5°
	열대우림	2~3000m	75%	5~9°
	초원	2000m 이하	90%	10~20°

마랑구게이트의 현지 고도 1970m에서 2720m의 만다라 산
장(Mandara Hut)까지 올라가야 한다. 맨 앞과 맨 뒤 그리고 중간
중간에 현지 탄자니안 도우미들이 배치되어 속도 등을 조절하
며 트레킹을 시작했다. 따라오는 우리 팀이 조금 빨리 서두르면
여지없이 "뽈레 뽈레(Pole Pole)!"를 외친다. 아프리카 사람들이
잘 쓰는 말이 두 개 있는데, '뽈레뽈레'와 '하쿠나 마타타(Hakuna
matata)'란다. '뽈레뽈레'는 '천천히 천천히'라는 뜻이고, '하쿠나
마타타'는 '괜찮아, 다 잘될 거야'라는 뜻이란다. 여기 현지인들
은 어릴 때부터 '싫어' '못 해요' '빨리빨리 나와라'라는 말을 들어
본 적이 없단다. 오히려 아이들이 서두르면 '뽈레뽈레', 그리고
힘들 때 부모님들은 '하쿠나 마타타'를 외친단다. 이 느긋한 말
에는 긍정적이고 평화로운 심리가 담겨있지만, 한편으로는 이러
한 심리상태가 행동으로까지 이어져 근면보다는 게으름과 귀차
니즘을 낳은 것이 아닌가 하는 생각도 들었다. 우리의 자녀 교육

관과는 너무 멀어 보였다. 지금은 이 관념이 잘못되어 우리보다 한참 후진국이나 길게 보면 무엇이 옳은지는 잘 모르겠다.

현지 가이드들은 우리의 질문에 아주 친절하게 대답해 준다. 영어를 쓰지만 스페인식 발음이어서 잘 못 알아듣는다. 그나마 한두 단어라도 영어가 통용되니 천만다행이다. 오가는 다른 사람들을 만나면 "쟘보~~~"라고 서로 인사말을 건넨다. 쟘보는 (Jambo!)는 스와힐리어로 "안녕!"이라는 뜻이지만 '힘내세요'의 의미도 포함한다고 한다.

10여 분 지나자마자 열대우림의 원숭이들이 보이기 시작한

열대우림지대 나무들, 습한 이끼가 자욱하다

다. 우기가 지난 지 얼마 안 되어서인지 이끼가 낀 숲이 매우 습해 보였으며, 열대우림답게 컴컴하기까지 했다. 이끼가 많은 숲 지대에는 원숭이, 카멜레온과 독특한 야생화가 살고 있단다. 이 숲을 덮는 안개는 물을 만들어 킬리만자로 주변에 물을 공급하는 역할도 하고 있단다.

고도 800여m를 4번의 쉼 끝에 16:40경 첫 번째 산장인 만다라에 도착. 도착하자마자 가이드 우 과장이 춥지 않도록 보온에 특히 신경쓰란다.

간단히 세수만 하고 주위를 둘러보다가 19시에 식당칸으로 이동하여 저녁식사. 오랜 시간 허기가 졌는지 모두들 좀 더 일찍 식사를 했으면 하는 바람이었으나 현지식이 아닌 우리의 식재료를 가져와 우리 식으로 우리의 현지 보조요원들이 리얼타임으로 요리를 해야 해서 어느 정도 시간이 소요되기 때문이다. 이제부터 숙소에서 씻을 수 있는 것은 조그만 양동이에 넣어 놓은 물 한 통이다. 이를 17명이 사용해야 하니 그저 찔끔 얼굴에만 찍어 바를 뿐이다. 이제 마지막 날 호텔에 갈 때까지는 샤워는커녕 머리도 못 감고, 세수도 못 하며 그냥 속옷만 갈아입어야 한단다. 그저 물티슈로만 닦아야 해서 가져온 물티슈가 한 보따리이다. 겨우 양치질을 하고 초겨울 복장을 한 뒤 모자까지 쓰고 식당으로 향했다.

식당 한켠에는 이미 유럽팀이 자리하여 식사를 하고 있었으며, 아마도 우리와 함께 오늘은 2팀만이 이 산장에 머무르는 것 같다. 스프와 한국 쌀밥 그리고 닭도리탕, 김치, 양배추 삶은 것 등 비교적 푸짐하게 차려졌다. 막 저녁식사를 끝낼 무렵에 일련의 현지 도우미들이 식당으로 들어와 길게 우리를 둘러싼다. 갑자기 합창을 시작하며 춤을 춘다. "하쿠나 마타타(Hakuna matata)" 마치 강강술래를 합창하듯 리더가 무어라고 선창을 하면 나머지 무리들이 합창으로 따라한다. Hakuna는 "없다." Matata는 "문제"라는 뜻으로, "문제 없어" "잘 될거야"라는 뜻이란다.

숙소는 식당에서 멀리 떨어진 곳에 위치하며, 2층 철침대로 되어 있다. 비시즌이어서인지 손님이 별로 없어 1인당 1, 2층을 모두 써도 된다. 전선에 의한 전깃불은 아예 없고 태양열에 의한 자그마한 전깃불이 힘없이 주위를 밝힌다. 그나마 이 약한 전깃불마저 끄면 그야말로 퍼펙트한 암흑이다. 랜턴이 반드시 필요한 대목이다. 출발 전, 스마트폰을 충전할 소켓이 없다기에 설마 했는데 설마가 사람 잡는다. 정말 불가능한 일이다. 그저 모드를 비행기 모드로 해놓고 가져온 보조배터리를 활용할 수밖에 없다. 물론 집에 연락할 생각도 하지 못한다. 저녁 8:30부터 취침에 들어가려니 낼 아침 일찍 깰 것이 두렵다. 아침에 일찍 깨면 암흑인 밖에 나가 산책을 할 수도 없고, 약한 전깃불을 켤 수도 없는 창살 없는 감옥이다. 또한, 암흑인 새벽에 밖에 나가면 킬리만자로의 표범(?)이 덮칠지도 모를 일이다. 혜초에서 임대해

준 침낭 속에 몸을 넣고 잠을 청해본다. 내일부터는 6, 7, 8이란다. 6시 기상-7시 식사-8시 출발.

7/1(4일 차, 月)

5:00 기상

우리 방은 모두 5시에 일어나 다람쥐 세수하듯 간단히 얼굴과 이를 닦고 아침식사를 기다린다. 아프리카이지만 고지대이어서인지 제법 쌀쌀하다. 7시 식사는 역시 우리의 식재료로 만든 한식이다. 한국 스프와 탄자니아(?) 스프 그리고 깻잎, 김치, 누룽지죽 등. 밥을 제대로 못 먹어 이국만리 쉽지 않은 기회에 안타까움이 발생되면 안되니까…!

8:10 만다라 산장 출발

오늘은 만다라 산장(2720m)을 출발하여 호롬보 산장(Horombo Hut,3720m)까지 트레킹하는 1000m 고지를 올라가는 여정이다. 출발 후 고도 300m에 이르자 밀림에서 관목 숲으로 수종이 변한다. 약간의 파란 하늘도 보이기 시작한다. 30여 분 더 가니 기온이 떨어져 초가을 옷으로 바꿔입어야 했다. 트레킹 루트에 탄자니아 사람들은 거의 보이지 않는다. 주중이어서 그런 것 같지는 않고, 경제적으로 트레킹에 나서기가 쉽지 않은 것 같아 보인다. 우리 일행과 유럽인들 몇 팀뿐이다. 그 흔하디 흔한 중국인들도 일본인들도 거의 보이지 않는다. 도우미들에게 물어봐도 일본인이나 중국인보다 한국인이 그나마 많다고 한다. 그 이유 중 하나는 조용필의 '킬리만자로의 표범'이라는 노래 때문에 한국인들에게 많이 알려져 있고 그래서 가수 조용필은 탄자니아 정부로부터 탄자니아 홍보공로로 표창을 받았다고 하는데(?) 사실인지는 모르겠다.

몇 번의 쉼 끝에 런치 포스트에 도달. 아침 출발 시 나누어 준 행동식(도시락)을 먹는다. 갑자스레 엄청난 크기의 한 검은색 까마귀 한 마리가 달려들더니 눈 깜짝할 새에 빵 하나를 입에 물고

마웬지 정상을 바라보며 배낭과 함께 그 위에 무거운 짐을 얹어 걷는 모습

도망간다. 익숙한 솜씨다. 마치 시골에서 매가 갑자기 달려들어 병아리를 채 가듯이! 이곳 마랑구 루트에는 산장에만 이정표가 있을 뿐 트레킹 루트에는 거의 없다.

지브라 바위를 올라가는 길에서는 킬리만자로 산의 두 개 봉우리, 즉 마웬지(5194m)와 우후루피크(5895m)가 보인다. 얼핏 보면 마웬지 피크가 훨씬 높고 위험해 보이는데, 일반 등산으로는 오르지 못하고 전문 장비를 필요로 한단다. 따라서 대부분의 사람들이 마웬지보다 킬리를 잘 알고 또 킬리를 찾아서인지 마웬지가 쓸쓸해 보인다. 원래는 킬리와 마웬지가 하나의 화산이었다는데, 지금은 11km 정도 떨어진 분리된 화산이다. 그리고 아

산소량이 적은 관목지대, 구름이 발아래에 있는 듯. 그래도 포터들은 웃는 모습들!

프리카의 최고봉인 우후루 피크도 원래는 '키보 피크'였는데, 탄자니아가 1961년에 영국으로부터 독립하면서 스와힐리어로 '자유'를 상징하는 우후루 피크로 명명하였다 한다.

조금 더 오르니 웬 큰 선인장 같은 것이 듬성듬성 보인다. 가까이 가니 선인장이 아니라 꽃나무이다. 세네시오라는! 현지인 도우미에게 물어보니 킬리에서 두 번째로 아름다운 꽃나무라고 한다. 첫 번째 아름다운 꽃은 만다라 산장에서 볼 수 있는 유니파산(?)이라는 꽃으로 내려갈 때 안내해주기로 했다. 멀리 킬리가 보이긴 하는데, 쫓아서 따라가면 도망가고 또 쫓아가면 또 달아난다. 참으로 멀리에 있고, 걸어야 할 여정도 길다. 하기야 동

멀리 킬리만자로와 마웬지 산이 희미하게 보인다

서 지름으로 80km라니 당연한 것 아닌가?

사실 지브라 바위를 다녀오는 것도 그리 쉽지는 않았다. 상대적으로 여유가 있었을 뿐 급한 경사도 많았고, 이미 어느 정도 고도에 올라온 상태이기 때문에 호흡이 정상적이지는 않았기 때문이다.

15:30 호롬보 산장 도착

이곳 호롬보 산장에서 3박을 하게 된다. 오늘과 내일 그리고 우후르 피크에 다녀와서 하루를 잔다. 발아래 펼쳐지는 하이얀 뭉게구름이 마치 비행기에 타고 있는 것처럼 보인다. 그리고 이 구름들이 수시로 변한다. 장관이다. 저녁시간까지는 자유시간이지만 여전히 보온을 유지할 것을 주문한다. 이곳 산장도 어제 만다라와 유사한 형태이지만 좀 새집인 듯하다. 우리의 숙소는 식당 롯지 2층에 위치해 있다. 침대가 철제에서 목재로 바뀌었을

호롬보산장 전경

산장 내 숙소, 2층 간이 목재 침대

뿐. 1층 식당에서 떠들면 곤란할 것 같다. 하기야 떠들 사람들도 지금으로서는 없다.

7:00 저녁식사

메뉴는 어제와 동일하게 우리가 가져온 식재료에 의한 한식 요리. 다만 국이 꽁치국(꽁치통조림과 김치를 혼합)으로 바뀌었다. 8:30 취침에 들어갔으나 어제와는 달리 잠이 오질 않는다. 새벽에 7시나 되었을까 하고 시계를 보니 4:40! 큰일이다. 아직 1시간 이상을 버텨야 한다. 찬바람이 정수리를 때린다. 목에 두르고 잤던 버프를 꺼내 한쪽을 묶은 다음에 머리에 쓰고 다시 잠을 청했더니 그런대로 효과가 있다. 커피 때문인지, 바닥이 불편해서인지, 아님 침낭에 적응을 못 해서인지 암튼 뒹굴다가 기상. 저녁때 한잔 먹은 커피의 영향인가? 평소 커피와 잠의 상관관계가 나에게는 전혀 없다고 생각해 왔는데. 아침에 일어나보니, 우 과장 등 대부분의 멤버들이 어제만큼은 못 잤다고 한다.

7/2(5일 차, 火)

6:20 기상

기상하여 그야말로 며칠 만에 살짝 면도를 하고 간단하게 세면과 세수, 양치질. 7:30 아침식사는 어제와 유사하게 토스트 2

쪽과 김치 깻잎 등, 감자전(?) 및 스프 2가지 그리고 항상 커피와 홍차. 엄청 여유 있는 식사인 듯 하지만 사실은 이름뿐! 딱 내게 맞지 않으니까…. 그러나 타국만리 이국에서 그것도 비상시국에서 이 정도면 진수성찬으로 여겨야 한다.

8:20 제브라 락(Zebra rock)을 향해 출발!

오늘은 고소 적응을 위한 훈련의 날이다. 갑자기 고지대를 가면 고소가 방문하므로 우리 몸으로 하여금 사전에 이에 대한 적응을 하도록 배려하는 셈이다. 호롬보 산장(3720m)에서 제브라 락(4050m)까지 300여m 고도를 올랐다가 엄청 아깝게도 다시 내려오는 여정이다. 바위에 물이 흐른 자국이 얼룩말 무늬 같아 '얼룩말 바위(제브라 락)'라고 부른단다. 여기까지 와서 고산증 때문에 등정을 포기하게 된다면 매우 슬픈 일이다. 작년 이맘때, 일정 차질로 대신 올랐던 일본의 후지산 등정이 생각난다. 후지산 3200m 지점에 위생관리소라는 기관이 자리하고 있었다. 그 당시 가이드는 3000m 이상은 사람이 아닌 신의 높이라고 한 말이 생각난다. 후지산에서 3400m쯤 오르니 얼굴이 노랗게 질려서 구토하는 이도 있고, 길 옆에 누워 아예 자는 것처럼 보이는 이들도 있었다. 많이 불편한 사람들은 이 위생관리소에서 진찰을 받은 후 등정 계속 여부를 조언받는다고 한다.

그렇다! 이처럼 인간에게 고산증은 3200m 지점부터 시작되는 모양이다. 그래서 이곳 킬리에서도 3720m에서 4050m까지

제브라 락의 거대한 식물인 세네시아 킬리만자리

를 고산증 적응훈련 지대로 설정한 것 같다. 정상 등정률을 최고도로 올리기 위해. 즉, 고산적응을 위해 더 이상 전진하지 않고 비교적 여유롭게 얼룩말 바위인 제브라 락까지 오른 후 다시 호롬보 산장으로 되돌아오는 것이다. 고산증을 극복하기 위해서는, 몸을 따뜻하게 하기와 물을 많이 마시기 그리고 천천히 움직이는 것이 관건이라고 한다.

암튼, 그래도 가벼운 발걸음이다. 9:10 휴식! 저 멀리 제브라 락이 보인다.

10:10 제브라 락(Zebra Rock) 도착!

뚜벅뚜벅 걸으니 어느새 목적지에 도착. 이제 더 이상 올라가지 않고 하산한다. 10여 분 제브라 락을 배경으로 사진 촬영도 하고 물도 마시고 하다가 하산 시작. 역시 마음에 부담이 없어 그동안 하지 못했던 이런 얘기 저런 얘기들도 많이 나온다.

10:30 하산 시작

내려갈 때는 여유도 있고 해서 킬리에서 두 번째로 아름다운 꽃나무라고 하는 세네시아 킬리만자리(Senecia Kilimanjari) 군락지에서 사진 촬영을 많이 했다. 킬리만자로 아래에서 이곳 그리고 고지대에 이르기까지 계속 이어지는 초목이 발라스틱 꽃이라고 하는데, 여기도 예외는 아니어서 도처에 이 꽃이 보인다.

11:30 다시, 호롬보(Horombo Hut, 3720m) 도착. 12:30 점심식사

오늘 점심은 특식이다. 한국 라면이기 때문이다. 이국 멀리 킬리 산자락에서 한국 라면을 맛볼 수 있다니? 스위스의 융프라우에서 먹어본 한국 라면인 신라면의 맛일까? 점심식사 후, 1시간여 뒤에 킬리 정상에 오를 장비 점검을 한단다. 인솔자 우 과장이 시범으로 완전군장을 하고 나타났다. 그리고 한 가지씩 보여주며 설명을 해주었다. 참으로 빈틈없는 안내자이다. 그리고 다시 저녁시간까지는 자유시간이다. 오후 들어, 우리의 구역 아래에 일련의 텐트족들이 텐트를 친다. 텐트 속에서 밤을 보내기에는 매우 추울 법도 한데? 그리고는 둥그렇게 모여 노래하면서 춤을 춘다. 마치, 춘천행 열차에 선반을 꽉채우며 즐겼던 옛날 대학생들이 기타를 메고 강촌으로 놀러가 그들만의 문화를 즐기는 모습이 선하다. 여느 때와 유사한 저녁식사를 먹고 취침.

7/3(6일 차, 水)

7:30 호롬보(3720m)에서 키보 산장(Kibo Hut, 4700m)으로 출발

트레킹 4일 차, 세계에서 가장 높은 위치에 자리하고 있다는 키보산장으로 가는 여정이다.

Last water point

마지막 산장이며, 세계최고의 높이에 있는 키보산장을 향하여

　오늘은 키보산과 마웬지 산을 연결하는 거대한 킬리만자로의 말안장과도 같은 Kilimanjaro Saddle 지대를 지나간다. 그저 사진만으로만 보면 고산 사막지대이지만 좌우로 키보산과 마웬지산을 보면서 4000m대의 대평원을 가로지르는 환상적인 트레킹인 것이다.

　오늘만 걷는 고도가 1000여m에 이르지만 비교적 완만한 코스이기에 걷는 길이는 비교적 긴 10km정도이다. 더구나 4천여m의 고지대여서 숨 고르기가 쉽지 않을지도 모른다. 따라서 고소 적응을 위해 매우 느리게 등반한다. 지금까지는 안 보이던 서

릿발이 보이기 시작하고, 작은 도랑에는 얼음도 보인다. 이제 더 이상 물이 없음(Last water point)을 경고하는 문구도 보인다. 선글라스를 착용했는데도 눈이 부신다. 정말 정말로 파아란 하늘이다. 호롬보 산장까지는 보이지 않던 구급 인력거가 중간중간에 놓여 있다. 정말로, 잠시 후에 한 여성이 안타깝게도 이 구급 인력거에 실려 산을 내려가고 있었다.

어느새 호롬보에 있던 하얀 뭉게구름이 우리를 쫓아왔는지 사방팔방 주변이 온통 구름으로 가려져 있다. 마치, 구름 위에 내가 앉은 착각이 들 정도다. 참으로 자연의 힘은 놀라워서 그 자체가 경외의 대상이 되곤 한다. 인간의 힘으로는 어찌할 수 없는 대자연에게만 있는 고유능력이다.

등정 낙오자를 위한 구조인력거

9:15 세 번째 휴식

이곳 휴게공간에는 화장실도 있고, 바로 옆에 헬기장도 보인다. 그러나 지금까지 지나친 마을의 모습이나 느낌을 볼 때, 과연 이 헬기장이 의미가 있을까? 전깃불 상황이나 도로사정 등을 감안할 때, 한 번이라도 헬기를 활용해 봤을까? 너무 무시하는 건 아니지만!

10:40에 5번째 휴식을 하고, 11:20에 여섯 번째 휴식이자 점심시간을 맞이했다. 다시 현지 도우미들이 커피와 홍차를 서비스한다. 지금까지 모든 식사시간에 커피와 홍차가 빠진 적이 없다. 그러나 여기서 배탈이 나거나 잠이 안 오면 일정을 망칠까 봐 쉽게 입으로 가져가지지 않는다. 차라리 조금 배고프더라도, 커피가 마시고 싶어도 좀 참는 것이 더 현명하리라는 생각이 머리를 떠나지 않는다.

우리는 그리 무겁지 않은 배낭만을 메고도 힘들어하는데, 여기 현지 포터들은 뒤에 배낭을 꽉 채워서 메고 그 위에 또 다른 큰 카고백을 얹거나 머리에 이고 간다. 한번 쫓아가 봤지만 계속해서 그들을 쫓아갈 수는 없었다. 이미 몸에 밴 듯하다. 이제 고지대에 이르니 춥다! 벙거지 모자를 배낭에 넣었어야 했다. 설마하고 그냥 여름 챙모자만을 챙겼더니 카고백에 넣어버린 겨울모자가 아쉽다. 할 수 없이, 손수건을 챙모자 속에 넣어 덮어쓰니 보기는 흉하겠지만 그래도 좀 나았다.

14:50 키보산장 도착

오전, 오후 긴 여정 끝에 킬리만자로 바로 아래에 있는 세계에서 가장 높은 곳에 위치했다고 하는 키보 산장에 도착. 이젠 정말 킬리에 오르는가 보다. 바로 머리 위 앞으로 킬리가 펼쳐져 있다. 땀에 밴 옷을 갈아입고, 이것저것 정리하다가 16:30에 저녁식사하고, 17:00에 바로 취침. 물론, 금세 잠이 오지는 않았지만!

취침시 복장은 출발 복장에서 파카 등 겉옷만 벗고 잔다. 최대한 따뜻하게⋯. 그리고 밤 10:30에 기상해서 기상하자마자 등산화까지 모두 착용하고 완벽하게 준비하여 밤 11시에 식당 앞으로 집합하란다. 마치 선더볼트라는 구조작전으로 납치된 인질 100여 명을 구조했던 이스라엘군의 엔테베 군사작전을 방불케 하는 긴장된 모습이다. 식사 후, 날진(nalgene)물통 하나와 보온물통엔 따뜻한 물을 또 하나의 날진물통엔 포카리스웨트 가루와 물을 섞어 넣고, 머리에 헤드랜턴을, 발목엔 후지산 등반 시 딱 한번 차봤던 스패츠를, 그리고 처음으로 구입한 등반 스틱 2개와 입술보호를 위해 립밤을 가지고 전장터(?)에 나간다. (정상과 교신결과) 눈이 안 와서 아이젠은 필요 없단다. 그러고 보니, 요 바로 앞팀(6월 초순)은 우기여서 비 때문에 고생을 많이 했다고 하나 우리는 신의 가호가 있어서인지 비 한 방울 없이 또 우후루 정상에도 눈이 안와 아이젠도 필요없다니⋯! 불행이 아니라 다행이어야 한다. 그리고 여유분으로 에너지 젤과 포카리 분말 등이 배부되었다. 일단, 등정 후 다시 이곳 키보에 집합하므로 카고백도 그냥 그대로 놔둔 채다. 키보산장에서의 코스는 한스마이어 동굴(5180m) - 길만스포인트(5685m) - 그리고 정상인 우흐르 피크(5895m)이다.

7/04(7일 차, 목)

0:00[밤12시] 드디어 우후르 피크(Uhuru Peek, 5895M)로 출발!

원래, 우후르 피크의 이름은 '카이저 빌헬름 峰(Kaiser-Wilhelm-Spitze)'이었다고 한다. 독일의 한스 마이어(Hans Meyer)가 1889년 아프리카에서 가장 높은 산인 킬리만자로 정상에 오르면서 당시 독일 황제의 이름을 따서 붙인 것인데, 1961년 탄자니아가 독립한 후 이 산봉우리의 이름을 우후르 피크(Uhuru Peek, 자유峰)로 바꾸었단다.

오늘은 칠흑 같은 어둠 속에서 보낼 길고 힘든 시간이기도 하겠지만, 어쩌면 인생의 최고의 순간이 될 숨 가쁜 날일 수도 있다. 뿌옇고 미끌거리는 화산재 모래밭과 새벽에 장엄하게 떠오르는 킬리만자로의 선라이징, 그리고 정상 주변 분화구의 경사면(slope)이 낮 시간에 녹지 않고 얼어있는 상태에서의 트레킹을 위해 굳이 밤 12시부터 트레킹을 시작하는 것 같다. 하기야, 후지산 등정 시도 마찬가지로 밤 12시에 등정을 시작해서 정상에서 떠오르는 태양을 맞이하는 일정이다. 드디어 출발!

칠흑같이 어두운 한밤중. 헤드 랜턴을 머리에 부착하고 길을 나선다. 마랑구 게이트에서 이곳까지 무려 30여km를 배낭 메고 걸으니 어깨도 아프다. 다행인지 불행인지 모르지만, 키보에서 정상까지 왕복하는 동안 현지 가이드가 1:1로 붙어서 배낭을 대신 메주고 $30수수료를 지불하는 시스템이다. 통상 그렇게 하는 모양이다. 약 30분 정도는 화산재 길이지만 그리 가파르지 않았다. 30여 분을 지나니 본격적으로 급경사가 시작된다. 키보(4700m)에서 우후르 피크(5895m)까지 고도상으로 1200여m를 올라가야 한다. 특히, 화산재 길은 미끄러지기 때문에 지그재그로 올라가야 한다. 30여 분씩 올라가다가 쉬는 타임을 갖는다. 위에 올라와서 아래를 쳐다보니 도시의 자동차들이 불빛을 잇는 것처럼 헤드 랜턴의 이어지는 불빛들이 장관을 이룬다. 출발한 지 3시간여(2:30) 만에 한스 마이어 동굴(5180m)에 이르렀다. 쉬면 무조건 물부터 마신다. 고소를 동반하는 고소증에는 그저 "많이 먹고, 많이 싸고, 그리고 많이 자는 것"이 최고라고 한다. 특히, 물을 엄청 많이 마셔대야 한다고 한다. 고지에 오를수록 산소가 부족하니, 물(H_2O)에 산소(O)가 포함되어서 그런가? 그런데 빠른 흡수로 도움을 줄 줄 알았던 포카리 혼합물이 오히려 구토를 하게 되는 구실을 만들었다. 어찌 보면 이 구토가 고산증을 이기게 만들었는지도 모른다. 쉬었다 가고, 쉬었다 오르고…! 캄캄한 암흑 속에서 너무 힘든 나머지 사진 촬영할 여력이 없었다.

한스 마이어 동굴까지는 그래도 낙오를 하지 않기 위해 선두권을 잘 쫓아왔다. 계속해서 선두권을 따라가다가 어느 순간부터는 심장에 무리가 가는 듯 선두권을 먼저 보내야 했다. 그리고 선, 나의 현지 가이드와 함께 조금 쉬었다가 올라가고를 반복할 수밖에 없었다. 한참을 뒤졌거니 했는데 생각보다 많이 뒤처지지는 않아서 새벽 6시경 길만스 포인트(5685m)까지는 어느 정도 따라온 것 같다. 이곳 정상의 일출은 05:50이며, 일몰은 18:30이라고 한다. 그러나 이제 한계에 도달한 듯! 길만스 포인트에서부터는 오르는 경사가 많이 누그러졌음에도 불구하고, 아주 조금이라도 오르막길이 되면 심장에 부담을 느끼는 것 같다. 평지를 가다가 오르막길이 나타나면 단 몇 발짝이라도 이제는 반드시 2~3분 쉬었다가 가야 했다. 마라토너가 결승점을 불과 10여m 앞두고 쓰러지는 불상사가 속출하는 것처럼 심장의 무리를 의식해야만 할 시점이었다. 여기까지 온 것이 아까운가, 그래도 끝까지 밀고 나가야 하는가? 인명재천이라는 것을 믿고 하늘에 맡겨야 할 것인가? 그럭저럭 거북이 걸음으로 7:30쯤 스텔라 포인트까지 갔고 이제는 킬리 정상을 140여m를 남기고 있다.

드디어, 육안 앞에 우뚝 서 있는 우흐르 피크!!! 어디선가 '킬리만자로의 표범'이라는 노래가 흘러나와야 한다! 그리고 눈 덮

킬리만자로 정상 부근에서의 모습

인 하얀 설산이 마주해야 한다. 눈사태가 두려워 이곳 킬리를 택했지만 그래도 지금은 거대한 빙하가 있었으면 좋겠다. 하얀 설산이 모두를 뒤덮었으면 좋겠다.

정말 지구가 걱정된다. 내가 살고 있는 한국의 앞마당이 걱정된다. 여행 후 인터넷을 검색해보니 2040년쯤이면 이곳 킬리 정상의 눈들도 모두 사라질 것이란 예상이다. WMO(세계기상기구)의 보고서에도 2021년 빙하량이 2014년에 비해 70% 감소했다고 한다. '지구 온난화'를 입으로만 걱정해서는 안 되는 대목이다.

여기서 머무는 것도 잠시…!

10여 일 일정을 생각하면 한나절을 머물러도 부족하겠지만 딱히 오래 걸릴 수도 없고 스케줄에 따라 하산하는 일정에 맞추어야 한다.

작년 후지산 등반 시에는 후지산 정상인 후지노미야구치 (3720m)에서 거대한 분화구를 한 바퀴 돌아오는 여정이 있었다. 이곳은 분화구의 너비가 1.9km에 이르지만 구경만 할 뿐 정상에서 짧게 머물다가 내려와야 한다. 설악산 정상이나 지리산 정상이라면 여기저기서 사진도 찍고 배낭에 담아온 캔맥주나 과일, 젤리 등을 먹겠지만 우선 추워서라도 그럴 여유가 없다. 무척 아쉬웠던 부분이지만 정상에서의 짧은 머무름을 뒤로하고 하산을 재촉해야 했다. 빨리 하산해서 키보산장을 거쳐 호롬보 산장까지 가야 하는 다소 긴 여정이 기다리고 있기 때문이다.

사실, 내려가는 것에 대해서도 과연 내가 쉽게 내려갈 수 있을까 하는 두려움이 가슴 한켠에 엄청 부담으로 작용했지만 그래도 몇 발짝을 떼니 내려가는 것은 생각보다 부담이 훨 적었다. 그래도 혹시나 심장과 무릎에 부담을 줄까 봐 몇 번을 쉬면서 내려왔다. 내려오면서 보니, 이렇게 급하고 장장 먼 길을 꼭두새벽에 올라왔단 말인가? 참으로, 대단했다는 생각이 들었다. 상당히 많이 내려와 키보 산장이 보이는 곳에서는 화산재로 뒤덮여 있어 스키를 타듯 쭉쭉 미끄러지면서 스키를 타듯이 내려왔다. 물론, 스패츠를 찼으니 망정이지 그냥 바지 하나만 입었다면 아마도 장딴지와 허벅지 등이 하얀 화산먼지로 뒤범벅이 되었으리라. 올라갈 때도 끝이 안 보이더니, 내려올 때도 저기 키보산장이 보이기는 하는데 아무리 발길을 옮겨도 줄어들지가 않는다. 암튼, 10:30경 키보 산장으로 회귀하여 도착. 마치 몸살에라도 걸릴 듯 온몸에 한기가 들면서 떨린다. 체면도 팽개치고 재빨리 땀난 옷을 갈아입고, 무조건 침낭 속으로 들어가 잠을 청했다. 그 정도로 부담이 되었는지 1시간 반여 동안 비몽사몽 잠을 자다가 깨어나서 점심을 먹고 호롬보로 출발.

13:30 키보에서 다시 호롬보 산장으로!

힘들었는지 점심은 먹는 둥 마는 둥하고, 호롬보로 하산 시작. 아무 생각없이 1~2시간 편하게 내려가면 되겠지 했는데, 그 길도 너무 멀다. 올라올 때는 긴장해서 몰랐는데 좀 여유를 찾아서인지 엄청 멀다. 이 구간만큼은 올 때와는 다르게 각자 자유대로 현지 가이드의 리드와 통제 없이 걸었다. 그런데 금세 도착한다고 미리 생각해서인지 아무리 가도 호롬보가 보이질 않는다. 우리의 카고 백을 짊어진 현지 포터들의 걸음은 엄청 빠르다. 약간의 내리막길이니 오죽할까? 몇 발짝 쫓아봤지만 계속해서 따라잡을 수는 없었다. 이곳의 현지 포터들은 아마도 돈을 좀 버는 직업인 것 같다. 그러나 나이 먹으면 그만두어야…! 물을 마시면서 몇 번을 쉰 후에 드디어 호롬보 산장에 재도착(16:30).

18:30 저녁식사

저녁식사는 부대찌개이다. 몇 가지 햄과 김치를 썰어서 부대찌개를 만들었다. 의정부 부대찌개만은 못하지만 현지 조달치고는 맛있는 국물냄새이다. 이제, 3일을 잤던 여기 호롬보 산장도 내일은 떠나야 하니 카고 백 정리를 해야 했다. 먹다 남은 에너지 젤, 초콜릿, 컵 라면 등은 현지 포터들에게 나누어 주고 다시 내려갈 때 마실 물병 등과 갈아입을 옷 등은 배낭에 그리고 나머지는 카고 백에 정리하여 넣고 취침.

7/5(8일 차, 金)

5시 기상, 6시 식사, 7시 출발!

호롬보(3720m)에서 마랑구 게이트(1970m)까지 이동이며, 킬리 트레킹의 끝이다. 일찌감치 아침식사를 하고 출발. 어제와는 달리 처음 올 때처럼 현지 가이드가 맨 앞과 뒤에서 이동 속도를 조절한다. 이동거리가 비교적 긴 20여km이기 때문인가 보다. 2~3번 휴식 끝에 마랑구 게이트에 도착(12:00). 이로써, 5박6일 간의 킬리 트레킹은 종료되었다. 왕복 78.5km를 걷는 대단원의 막을 내린 것이다.

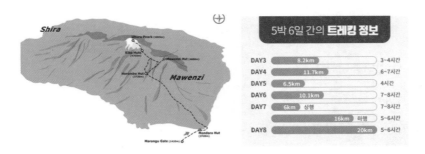

내려오자마자 킬리 국립공원 사무실에서 인증서를 준단다. 우 과장이 모두 수령하여 저녁 숙소에서 개별 수여식을 한단다.

12:30 점심식사

마랑구게이트에 귀환해서, 올라갈 때와 같이 종이박스로 된 행동식으로 점심을 마치고 올 때처럼 카고 백은 별도의 차에 싣 고 우리는 올 때 이용한 미니버스를 타고 모시(Moshi)에 있는 저 녁숙소인 킬레마캬로 산장 호텔(Kilemakyaro Mountain Hotel, 3성급) 로 향발!

16:00 호텔 도착 후 휴식

올 때처럼 천천히 달려오다가 갑자기 비포장 도로를 따라 산

여정의 마지막 숙소인 킬레마캬로 산장호텔

속으로 들어간다. 산장 호텔로 가는 길이란다. 명색이 3성급 호텔인데 진입하는 도로가 비포장이어서야? 암튼, 주 도로를 제외하곤 대부분 거의 비포장 빨간 흙 상태이다. 진입로 양편에는 탄자니아의 1100여m 고지에서 자라는 커피가 빨강색, 연두색 등으로 주렁주렁 매달려 있다. 호텔 안은 깨끗하게 조경이 잘 정리되어 있고 나무도 다양하며 실내수영장도 있다. 날씨가 춥지 않은 낮에는 수영이 가능하지만 밤에는 추워서 못 할 것 같다. 그럼에도, 인도 사람들로 보이는 이들이 부들부들 떨면서 수영을 하고 있다.

호텔 내에 둥근 롯지(lodge)가 꽤 많다. 저녁식사는 예쁘게 정리된 야외정원에서 6:30에 먹는다. 월남쌀과 보라색 쌀로 만든 밥이 지금까지 중 가장 맛있는 것 같다. 스프와 과일 그리고 돼지고기도 프라이를 하고 있다. 식사 후 호텔 로비에서 인증서 수여식을 하고, 다시 나와 쐬주 등 한 잔씩 마시면서 이런저런 무용담 등 정담을 나눈다.

밤10시, 마지막 취침

역시, 호텔 룸 안에는 물이 잘 나오지 않는다. 옆에 룸에서 함께 쓰면 더욱 안 나온다. 암튼, 오랜만에 샤워라는 것을 해본다. 이제, 배낭에 넣을 것과 카고 백(수하물)에 넣을 것을 구분 정리해서 카고 백은 그동안 맡겨 놓았던 캐리어에 집어넣었다.

7/6(9일 차, 토)

아침 6시 기상하여 6:30에 식사

기상하여 구분 정리된 짐을 다시 한번 정리하고, 프론트 데스크에 있는 식당으로 가서 아침식사. 식사 후 오전 자유시간. 호텔 내를 돌아다니며 사진촬영도 하고, 책걸상이 있는 곳에서 이런저런 생각을 해 볼 수 있는 여유시간…! 그동안의 메모를 다듬어보는 시간으로 활용.

11:30

점심식사 후 호텔 문밖으로 걸어 나가니 커피농장의 젊은 책임자가 커피에 대하여 설명해주며 하나 따서 먹어보란다. 어?

산장호텔 인근에서 재배하는 커피나무

커피가 쓰지 않고 달콤하다. 겉껍질을 씹으니 속에 예의 그 커피가 있다. 이것을 로스팅한단다. 다시 호텔 내로 들어오니 다른 젊은이가 모닥불에 커피를 볶고 있다. 그 볶은 커피콩을 절구에 넣더니 "하쿠나 마타타" 노래를 부르며 빻는다. 여기서는 커피를 내려먹기(핸드드립)보다 이렇게 빻아서 가루를 내어 타 마신단다. 마지막으로 500g짜리 원두를 12달러에 판매. 금새 동이 나버렸다. 젊은 책임자는 싱글벙글이다.

이곳, 모시에 올 때는 안 보이던 목동들의 모습이 갈 때에는 여러 곳에서 보인다. 정말로 '동물의 왕국'에서 보았던 족두리를 걸친 목동들이 소, 양, 염소들을 몰고 이곳저곳 풀밭으로 몰고 가는 모습들! 너무나 평화롭고 여유로운 생활, 허나 고향을 지키면서 이렇게 살아야 하나, 이렇게 살 수밖에 없는가, 아님 고향을 버리고 개인주의가 정답이고 생존경쟁이 치열한 이웃 선진 프랑스나 독일 등으로 이민 가야 하는 것 아닌가? 정답은 각자의 몫이다.

볶은 커피를 빻으며 즐겁게 노래부르는 현지인들

14시, 산장호텔에서 킬리 국제공항으로 출발

15:30, 킬리 국제공항 도착 후, 출국심사

18:10, 아디스아바바로 이륙(비행시간 2시간 반 소요). 한 차례 기내식(저녁)

20:40, 아디스 공항 도착 후 연결통로로 이동

23:30, 아디스 공항 이륙(인천까지 11시간 반 소요). 두 차례 기내식(아침, 점심)

7/7(10일 차, 일)

17:05 인천공항 도착 후 해산

아! 한국이다. 우리의 터전이다. 힘들었지만 그만큼 보람도 있는 킬리만자로 트레킹이 마무리되었다. 전문 산악인이 아닌 일반인들이 오를 수 있는 최고봉 중 하나가 킬리만자로라고 한다. 누구는 설악산을 70여 회 등반했고, 주말마다 백두대간과 지리산 종주 등 안 해 본 것이 없다 하고, 또 어떤 이는 킬리 트레킹을 위해 9개월 동안 술담배를 사양하는 훈련을 해왔다고 한다. 또 어떤 이는 ABC(Annapurna Base Camp), EBC(Everest Base Camp) 등도 다녀왔다고 한다. 나는 겨우 작년에 일본 후지산을 다녀왔을 뿐인데…! 암튼 일반 사람이 기구(비행기)를 이용하지 않고 스스로 걸어서 올라가 볼 수 있는 최고의 높이에, 그것도 한국에서 쉽게 가보기 어려운 아프리카 중동부를 경험하는 빅 이벤트였다. 후회하지 않는다. 오히려 이런 기회를 준 내 인생에 감사할 뿐이다!

이제, 어디를 갈까? 글쎄, 지금으로서는 여행이든 트레킹이든 별로 갈 곳이 없다는 생각이 든다. 쬐끔 안타까운 건 탄자니아를 이끄는 지도자들이 좀 더 생각을 바꿔서 놀고 있는(?) 옥토를 잘 활용(제 몇차 경제개발계획 등)하고, 마냥 평화스러워 보이는 느림의 미학보다는 글로벌 4차 산업혁명 시대의 디지털 트래스포메이션을 통해 시대의 빠름과 변화를 깨우쳐서 그들에게 보다 의미 있는 날을 불러오기를 기대해 본다.

"Jambo, Jambo bwana! Tanzania yetu Hakuna matata!!"

※ Hakuna matata 노래듣기 동영상 유튜브
☞ https://www.youtube.com/watch?v=SuQhx_fu6P0

Jambo Jambo bwana habari gani mzuri sana wageni Mwakaribishua Kenya yetu Hakuna matata

잠보 잠보 뿌와나 하바리 가니 은주리 사나 와게니 와카리비슈아 케냐 예뚜 하쿠나 마타타

Jambo Jambo bwana habari gani mzuri sana wageni Mwakaribishua Kenya yetu Hakuna matata

잠보 잠보 뿌와나 하바리 가니 은주리 사나 와게니 와카리비슈아 케냐 예뚜 하쿠나 마타타

Kenya nchni mzuri Hakuna matata nchiya kupendeza Hakuna matata

케냐 인치 쥬리 하쿠나마타타 은치아쿠펜데쟈 하쿠나마타타

Mwakaribishua Hakuna matata

와카리 비슈아 하쿠나 마타타

Jambo Jambo bwana habari gani mzuri sana wageni Mwakaribishua Kenya yetu Hakuna matata

잠보 잠보 뿌와나 하바리 가니 은주리 사나 와게니 와카리비슈아
케냐 예뚜 하쿠나 마타타

Kenya nchi zuri Hakuna matata nchi ya maajabu Hakuna matata

케냐 인치 쥬리 하쿠나마타타 은치아 마하자부 하쿠나마타타

Wageni wote Hakuna matata

와게니 와테 하쿠나 마타타

Jambo Jambo bwana habari gani mzuri sana wageni Mwakaribishua Kenya yetu Hakuna matata

잠보 잠보 뿌와나 하바리 가니 은주리 사나 와게니 와카리비슈아
케냐 예뚜 하쿠나 마타타

(번역가사)

안녕, 안녕 여러분 잘 지내셨나요? 저는 잘 지냅니다. 여러분을 환영합니다.
우리 케냐(탄자니아)는 아무 문제 없습니다.

안녕, 안녕 여러분 잘 지냈나요? 저는 잘 지냅니다. 여러분을 환영합니다. 우
리 케냐(탄자니아)는 아무 문제 없습니다.

케냐(탄자니아)는 좋은 나라 아무 문제 없어요. (케냐는) 즐거운 나라 문제없
어요.

모든 방문하시는 여러분! 우리는 문제 없어요

안녕, 안녕 여러분 잘 지냈나요? 저는 잘 지냅니다. 여러분을 환영합니다. 우
리 케냐(탄자니아)는 아무 문제 없습니다.

케냐(탄자니아)는 좋은 나라 아무 문제 없어요. 케냐(탄자니아)는 멋진 나라
문제없어요.

환영합니다. 문제없습니다

안녕, 안녕 여러분 잘 지냈나요? 저는 잘 지냅니다. 여러분을 환영합니다. 우
리 케냐(탄자니아)는 아무 문제 없습니다.

'행복에너지'의 해피 대한민국 프로젝트!

<모교 책 보내기 운동> <군부대 책 보내기 운동>

한 권의 책은 한 사람의 인생을 바꾸는 힘을 가지고 있습니다. 한 사람의 인생이 바뀌면 한 나라의 국운이 바뀝니다. 그럼에도 불구하고 많은 학교의 도서관이 가난하며 나라를 지키는 군인들은 사회와 단절되어 자기계발을 하기 어렵습니다. 저희 행복에너지에서는 베스트셀러와 각종 기관에서 우수도서로 선정된 도서를 중심으로 <모교 책 보내기 운동>과 <군부대 책 보내기 운동>을 펼치고 있습니다. 책을 제공해 주시면 수요기관에서 감사장과 함께 기부금 영수증을 받을 수 있어 좋은 일에 따르는 적절한 세액 공제의 혜택도 뒤따르게 됩니다. 대한민국의 미래, 젊은이들에게 좋은 책을 보내주십시오. 독자 여러분의 자랑스러운 모교와 군부대에 보내진 한 권의 책은 더 크게 성장할 대한민국의 발판이 될 것입니다.